여자는
무엇으로

성장
하는가

여자는 무엇으로 성장하는가

발행일   2017년 6월 30일

지은이   김 명 숙
펴낸이   손 형 국
펴낸곳   (주)북랩
편집인   선일영   편집   이종무, 권혁신, 송재병, 최예은, 이소현
디자인   이현수, 김민하, 이정아, 한수희   제작   박기성, 황동현, 구성우
마케팅   김회란, 박진관, 김한결
출판등록   2004. 12. 1(제2012-000051호)
주소   서울시 금천구 가산디지털 1로 168, 우림라이온스밸리 B동 B113, 114호
홈페이지   www.book.co.kr
전화번호   (02)2026-5777   팩스   (02)2026-5747

ISBN   979-11-5987-623-3 03320 (종이책)   979-11-5987-624-0 05320 (전자책)

이 도서의 국립중앙도서관 출판예정도서목록(CIP)은 서지정보유통지원시스템 홈페이지(http://seoji.nl.go.kr)와
국가자료공동목록시스템(http://www.nl.go.kr/kolisnet)에서 이용하실 수 있습니다.
(CIP제어번호 : CIP2017015417)

(주)북랩 성공출판의 파트너

북랩 홈페이지와 패밀리 사이트에서 다양한 출판 솔루션을 만나 보세요!

홈페이지 book.co.kr • **블로그** blog.naver.com/essaybook • **원고모집** book@book.co.kr

여자는 무엇으로 성장 하는가

22년 차 워킹 맘,
퇴직 후 '진짜 인생'을 만나다

김명숙 지음

북랩 book Lab

마흔이 되면 내 얼굴에 책임을 져야 한다는 말을 늘 마음속에 두고 살아왔다. 또, 매 순간 내 삶에 최선을 다하려고 노력했으며, 잠자리에 누웠을 때 '오늘도 참 열심히 잘 살았구나' 생각하며 매 순간 감사한 마음으로 하루를 마무리했던 것 같다.

누구보다 부지런한 삶을 살아오신 친정 부모님 덕분에 성실함과 밝은 미소를 배울 수 있었고 나 또한 부모가 되면 내 아이들에게 꿈을 이루며 행복하게 살아가는 모습을 보여 주고 싶었다.

평범하게 살아가는 것이 행복한 삶이라는 것을 말씀해 주신 친정 아버지께 감사드리며, 자식들에게 바르게 살아가는 모습을 보여 주는 것이 가장 큰 가르침이라 여기시고 오늘도 부지런함을 몸소 실천해 주시는 친정어머니께 감사드린다.

자녀들은 부모의 뒷모습을 보고 자란다. 아이들을 잘 키워 세상에 내놓아야 한다는 엄마의 사명감으로 내가 만난 삶의 순간들을 독자들에게 소개하고자 한다. 여자로 태어나서 감사하며, 엄마가 될 수 있어 감사하며, 평범한 삶 속에서 소소한 작은 행복을 느낄 수 있어 감사하다.

엄마로 살며 배운 여자의 삶과, 오랜 직장생활 속에서 겪은 여자라서 힘들었던 점과, 아무도 가보지 않은 그 길을 걸으며 누군가에게 길을 만들어준 이야기를 하고자 한다.

여자의 적은 여자라는 것을 경험했고, 많은 남성 지점장들 사이에서 살아남기 위해서는 200%의 노력을 해야만 하는 현실의 벽을 느꼈다. 그 벽을 넘기 위해 얼마나 많은 애를 썼는지 아무도 모른다.

새벽 7시에 출근을 하고 밤 11시를 넘겨 퇴근한 날이 부지기수였다. 1억 이상의 연봉이라는 보상만큼 내가 놓치고 잃어버린 것들이 있었다. 잃어 본 뒤에야 정신을 차리게 된 나의 이야기를 통해 직장인들에게 무엇이 중요한가를 이야기하고 싶었다.

직장에서의 퇴직은 인생의 끝이 아니라 새로운 세상을 알아가는 출발점이었고, 계속 직장생활을 했더라면 몰랐을 것들을 경험할 수 있는 계기가 됐다. 일요일 오후가 되면 다음 날 출근을 해야 한다는 답답함을 느껴 본 사람들이 있을 것이다. 나 역시 지점장을 할 때 영업이 힘든 달이면 주말을 즐기지 못하고 답답한 상태로 지낸 적이 있었다. 그랬던 직장인데, 퇴직하고 나서 한동안은 우울한 시간을 보냈다. '왜 나만 나왔어야 했을까? 그냥 남아 있을 걸 그랬나?'

하지만 그곳에 남아 있는 사람들도 퇴직을 떠올리면 생각이 많아진다는 것을 잘 안다. 퇴직의 시기가 언제가 될지, 퇴직 후 어떤 삶을 살아갈 것인지를 고민하게 된다. 자녀들은 또 어떤 일을 하며 살아갈까 많은 고민을 하며 말이다.

나는 내가 좋아하는 일이 무엇인지 넓은 세상을 마음껏 둘러보며 내 천직을 찾아가고 있다. 용기가 없어 그곳에 남아 있었더라면 지금 이렇게 행복한 일들을 할 수 없었을 것이고, 아이들은 엄마가 없는 빈집에서 혼자 저녁 식사를 대충 때워야 했을지도 모른다.

나를 성장시킬 수 있었던 내 삶의 순간들을 소개하고자 한다.

그동안 함께 해 주지 못했던 아이들에게 엄마의 지리를 느낄 수 있게 해 줬고, 공부를 하며 열심히 사는 엄마의 모습을 보여줄 수 있었다. 3년이라는 시간을 결코 그냥 보내지 않았다. 내가 퇴직하고도 그곳에 남은 사람들은 치열하게 직장생활을 할 것이므로, 나 역시 밖에서 직장을 다닐 때만큼이나 열심히 뭔가를 찾으려고 뛰어다녔던 것 같다. 매주 한 권의 책을 읽었고, 매주 서울을 오가며 뭔가를 배웠다.

지금까지 내가 살아온 시간보다 앞으로 살아갈 시간이 훨씬 많이 남았다. 직장을 퇴직하고 그저 그렇게 시간을 보낼 순 없었다. 남은 시간을 운동을 하거나 등산만 하며 살 수는 없다는 생각이 들었다. 내 가슴을 뛰게 하는 일을 찾고 싶었다. 내가 좋아하는 일을 하면서 돈도 벌 수 있는 일을 하고 싶었다.

어느 순간 내가 찾던 것을 얻게 되었고, 좋은 것을 찾아 함께하는 사람들에게 나눠주고 싶다는 생각을 하게 됐다. 삶의 의미를 찾고 선한 영향력을 미치는 사람이 되고자 한다. 지역사회에서 여성 리더로서 활동하는 꿈을 그려 보며, 함께 하는 많은 사람들에게 나로부터 비롯되는 선한 영향력을 미치고자 한다. 스스로 자신의 꿈을 찾고 그 꿈을 성장시킬 수 있도록 도와주는 역할을 하며, 아이들에게 늘 배움을 실천하고 도전하는 엄마의 모습을 보여 주고자 한다. 엄마에게도 꿈이 있어야 한다. 누구의 아내, 아이들의 엄마만으로 삶을 살지 않기를 바란다. 꿈꾸는 만큼 이루어진다.

차 례

들어가는 글 _ 004

제1장 엄마의 인생

언제부터 엄마가 되는가 _ 014

엄마라는 이름의 무게 _ 022

왜 엄마는 늘 속상한가 _ 029

엄마가 되고서야 비로소 엄마를 그리다 _ 036

아버지를 먼저 보내고 _ 043

가지 많은 나무 _ 051

엄마의 앨범 _ 057

제2장 여자에게 직업이란

22년 하고도 7개월 _ 068

어느 날, 퇴직 _ 075

직장생활이 나에게 남긴 것 _ 081

우리는 왜 일을 하는가 _ 088

가장이라는 짐의 무게 _ 094

두 배로 노력해야 보통이 된다 _ 100

여성 지점장이 아닌 동료 지점장일 뿐이다 _ 106

제3장 지금에 충실한 삶

미래를 준비하는 시간들 _ 116

어쩌면 지금, 가장 행복한 순간 _ 121

엄마, 그리고 직장인 _ 127

내가 살아갈 수 있는 최고의 시간 _ 133

내가 보내는 시간이 내 인생임을 _ 139

고3 엄마의 마음 _ 145

몸에 생기 불어 넣기 _ 151

제4장 더 넓은 세상을 향해

퇴직 후 비로소 만나게 된 세상 _ 160

나는 여전히 일하고 있다 _ 166

공부하는 삶 _ 171

기록으로 남기는 삶, 3P바인더 _ 176

독서를 통한 성장 _ 181

예쁜 음식점과 핸드드립 커피 _ 187

열 손가락의 비밀 _ 193

제5장 새로운 인연들

대학원 공부를 시작하다 _ 204

함께 하는 사람들 _ 210

사람은 혼자서 살아갈 수 없다 _ 215

내 인생의 의미 _ 222

최근에 만난 사람들 속에 파트너가 있다 _ 228

함께 아이를 키우는 엄마들 _ 233

3P바인더를 통해 만난 인연들 _ 240

마치는 글 _ 246

제1장

엄마의
인생

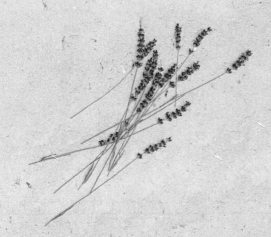

아이들이 세상에 태어날 때 신께서는 이 세상에 혼자 아이를 보낼 수가 없어 천사를 함께 보낸다고 한다. 다른 사람들이 천사를 알지 못하게 '엄마'라는 이름으로 보냈다는 것을 어디선가 들었던 것 같다.

그렇다. 엄마는 자식들에게 천사 이상인 것 같다.

어릴 때는 미처 몰랐다. 엄마가 어떤 마음으로 우리들을 키우시는지….

엄마는 매일 새벽같이 나가서 바닷가나 들에서 일만 하고 우리들에게는 관심을 많이 주지 않고 돈 버는 일에만 신경을 쓴다고 생각했다. 학교에서 돌아오는 우리들에게 일만 자꾸 시킨다고 투덜거릴 때도 있었던 것 같다. 시골 작은 바닷가 마을에서 오 남매를 키우며 살려면, 아이들 학교를 보내려면 그렇게 밖에 할 수 없었다는 것을 어른이 되고, 엄마가 되고서야 알게 되었다.

술을 좋아하시는 아버지와 싸우는 날이면 집을 나가고 싶을 때도 있었겠지만, 엄마는 자식들에게 등을 돌리지 않았다. 바닷가에서 성게, 골뱅이, 문어 등을 잡아 시장에 내다 팔며, 우리들을 공부시키기 위해 얼마나 많은 숨을 참아야 했을까. 얼마나 오랜 시간을 차가운 바닷물 속에서 거꾸로 작업을 해야 했을까. 어른이 되어 보니 엄마의 인생이 보이기 시작했다.

엄마는 오로지 자식들을 위해서 살아오셨다. 자식들 잘되기를 누구보다 간절히 바라며, 바르게 살아가는 모습을 보여 주셨다. 시골에서 생활하시는 엄마의 삶을 돌아보면 정말 마음이 아플 때가 많다. 시골에서 어려운 형편 속에서도 우리 형제들을 바르게 잘 키워 주신 엄마가 존경스럽다. 내가 엄마가 되고 나서는 친정엄마가 그랬던 것처럼 아이들에게 바른 엄마의 모습을 보여 주고 있다. 엄마는 힘든 인생이었겠지만 나는 엄마의 딸로 태어나 너무나 감사하다.

대부분의 자식들은 엄마를 생각하면 자주 찾아뵙지 못하여 죄송스럽고, 늘 고생만 하시는 것 같아서 마음이 아프다는 이야기를 많이 하게 된다. 늘 그곳에 계실 거라 생각하지만 어느 때가 되면 엄마를 보내 드려야 하는 시간이 나에게도 오지 않을까 생각한다. 엄마의 인생을 되돌아보며 나도 엄마가 되어 가는 것을 느낄 수 있었다. 지금까지 한 번도 엄마의 인생을, 엄마의 삶을 옆에서 지켜보는 시간이 없었다면 한 번 그런 시간을 가져 보길 바란다.

어느 날 항상 내 곁을 지켜주던 천사가 떠나기 전에….

언제부터 엄마가 되는가

직장을 다니다 아기를 낳게 되어 짧은 기간이긴 하지만 모유 수유를 했다. 갓 태어난 내 아이에게 젖을 물리어 모유를 수유할 때의 그 느낌을 잊을 수가 없다. 눈도 뜨지 못한 아기를 품에 안고 손가락으로 볼을 톡톡 만지기만 하여도 고개를 돌려 젖을 찾아 먹는다. 초보 엄마인 나는 그게 얼마나 신기한지 아기가 아직 모유를 먹을 때가 아닌데도 안아보곤 했었다.

결혼해서 한동안은 주말부부를 했었다. 나는 포항에서 근무를 했고 남편은 대구에서 직장생활을 했기에 아기를 갖는 것을 조금 미루게 되었다. 회사 숙소에서 지내면서 혼자 입덧을 하고 힘들어 하고 싶지 않았기에 대구로 발령이 나게 되면 아기를 가져야겠다고 생각을 했었던 것 같다. 결혼 초기라 남편과의 시간을 좀 더 보낸 뒤 아이를 갖고 싶은 마음도 있었던 것 같다.

결혼은 했지만 어떻게 어른이 되고 어떻게 아기를 갖는지 구체적으로 배운 적은 없었던 것 같다. 요즘은 인터넷이 발달됐고 초등학교에서도 조기 성교육을 하지만 우리가 학교에 다닐 때는 성에 대해 이야기하는 것을 살짝 부끄럽게 여겼던 것 같다. 아무도 이야기해 주지 않았지만 부모가 되기 위한 준비를 해야 할 것 같아서 서점에 들러서『육아 생활』이라는 책을 구입해서 보고 혼자 공부를 했었다. 아무런 준비 없이 엄마가 되고 싶지 않았고 좋은 엄마가 되고 싶다는 생각에 그랬던 것 같다.

　출산예정일이 다 될 때까지 배가 불러 회사에 출근을 했었다. 회사의 언니들에게서 출산일까지 근무를 하고 다음 날 출산을 했다는 이야기를 듣기도 했고, 젊을 때라 그런지 그렇게 크게 힘들지 않게 가볍게 회사를 다녔다. 그러다 출산예정일 일주일 전부터 집에서 쉬면서 아기를 맞이할 준비를 시작했다. 언제 병원에 갈지 모른다는 생각에 출산휴가를 시작한 날부터 가장 먼저 준비한 게 출산 옷가방이었다. 아기가 태어나면 입을 배냇저고리와 아기 속싸개, 유축기, 속옷, 물티슈 등 출산 후 병원에 입원해 있는 동안 필요한 것들을 먼저 싸서 잘 보이는 곳에 내놓았다.

　7월 말일이 출산 예정일이었다. 날이 가까워질수록 조금씩 두렵기도 했지만 엄마가 되는 과정이라 생각하고 마음을 굳건히 먹었다. 출산을 할 때는 정신을 차릴 수 없을 만큼 진통이 있었다거나 형광등이 보이지 않을 지경이 되어야 애를 낳는다는 선배 언니들의 이야기를 들었다. 미리 체력 보강을 하려고 저녁에 고깃집에 가서 고기를 몇 인분씩 먹어두기도 했었다.

　막달이 되면서 배는 점점 불러왔다. 여름이라 덥기도 하고 숨이 차서 잠을 편히 자지 못하는 날이 점점 많아졌다. 바로 눕지도 못하고 옆으로 누워 잠을 자야 했고 잠을 자다가 다리에 쥐가 나는 날도 잦아졌다. 숨을 쉴 수 없을 만큼 심하게 골반이 아프던 새벽을 보낸 다음 날 아침, 첫아기를 낳으러 병원에 갔었다. 꼼짝도 할 수 없이 골반이 아팠고 아침에 화장실을 갔는데 이슬이 비친 것 같았다. 아무래도 병원에 가봐야 할 것 같아서 남편은 회사에 보내고 혼자서 깨끗이 씻은 뒤 준비해둔 출산 가방을 들고 다니던 병원으로 갔다.

의사 신생님께 진날 밤에 숨을 쉴 수 없이 아팠고 아침에 이슬이 비쳤다는 말씀을 드렸다. 몇 가지 확인을 해 보시더니 자궁문이 많이 열렸다고 말씀하셨다. 의사 선생님께서도 이 정도 진행되려면 많이 아팠을 거라고 이야기를 하셨다. 그러면서 바로 입원 수속을 하고 가족들에게 연락을 하라고 하셨다.

영덕에 계시는 친정엄마에게 먼저 전화를 드렸다. 혹시나 엄마가 일하시느라 바쁘시다고 못 오시면 어떡하지 전화를 안 받으면 어떡하지 걱정하며 전화를 했는데 다행히 전화를 받았다. 병원에 왔다고 말씀드리고 남편에게도 전화를 걸어 병원에 입원 수속을 했다고 알리고는 링거를 꽂은 채 병원 복도를 왔다 갔다 하며 간호사 선생님께서 시키는 대로 운동을 다녔다. 운동을 하고 화장실을 다녀온 뒤로 간호사 선생님들께서도 점점 자주 왔다 갔다 하셨고 진통도 점점 잦아졌다.

출산을 할 때 진통이 심해 산모가 소리를 많이 지르면 뱃속에 있는 아기가 스트레스를 많이 받게 된다는 이야기를 들었던 것 같다. 출산할 때 잘못해서 아기가 태변을 먹게 되면 아기가 위험해질 수 있다는 이야기도 들은 듯해서 나는 출산할 때 심한 진통이 와도 소리를 지르지 않고 참아야지 하는 생각을 했다. 소리를 지르지 않겠다고 마음은 먹었지만 정말 너무 아팠고 두려웠다. 일반 대기실에 있다가 분만 대기실로 이동하면서 진통이 더 심해졌고 두려웠다. 진통이 없을 때는 혼잣말로 뱃속의 아기에게 이야기하기도 했다.

"아기야 조금만 더 기다려… 곧 엄마랑 만나게 될 거야."

괜찮았던 배가 또 아팠지만 엄마가 되는데 이 정도는 참아야지 생각했다. 선배 언니들이 이야기한 것처럼 형광등 불빛이 안 보이기만을 기다렸는데 계속 형광등 불빛이 선명하게 보였다. 아직 멀었다는 뜻이었다.

근데 점점 진통이 다가오자 간호사 선생님을 찾을 수밖에 없었다.

"간호사 선생님 또 진통이 오려고 해요."

"어머니 조금만 힘내세요. 호흡 크게 하시고 힘주세요."

아기가 스트레스 받을까봐 소리도 크게 못 지르고 혼자 참으며 간호사 선생님께서 시키는 대로 반복하고 있을 때 남편이 들어왔다. 사실 남편이 들어와서 괜찮으냐고 손을 잡아줬지만 그 당시 남편은 아무런 도움이 안 되었고 내가 의지한 사람은 출산을 도와준 간호사 선생님이셨다. 점점 진통이 잦아지면서 엄마가 되는 데는 이런 고통이 따르는구나 생각하면서 아직 도착하지 못하고 있는 친정 엄마가 생각났다. '우리 엄마도 나를 이렇게 낳으셨구나… 한 명도 아니고 다섯 명을 이렇게 힘들게 낳으셨구나' 엄마가 보고 싶었다.

'우리 엄마가 나를 이렇게 낳은 것처럼 나도 내 아이를 이렇게 낳는구나. 세상의 모든 딸들이 이렇게 엄마가 되는구나' 그 짧은 시간에 그런 생각을 하며 엄마가 되려면 강해져야 한다는 생각을 했다. 다음 진통이 올 때를 기다리며 호흡을 조절하고 있는데 밖에서 엄마 목소리가 들렸다.

"아이고, 양 서방. 우리 숙이는 어디 있노?"

엄마 목소리가 들리니 그동안 참았던 눈물이 나도 모르게 흘러 내렸다. 아기가 힘들까 봐 소리도 지르지 않고 참았던 초보 엄마는 친정 엄마 목소리가 들리자 무너졌다. 나를 낳아 주신 엄마에게 감사한 마음과 함께 나도 이렇게 엄마가 되는구나 하는 감동이 밀려왔다. 병원 침대에 누워서 아파하는 딸을 보자 엄마의 마음도 아프신지 촉촉해진 눈으로 말없이 딸의 눈물을 닦아 주셨다. 엄마가 되어 본 사람만 알 수 있는 그 산고의 고통을 우리는 나누게 된 것이다. 엄마 얼굴을 보니 몸이 풀리기 시작했고 간호사 선생님들께서 서둘러 내 침대를 이동시켜 분만실로 옮기고 정말 젖 먹던 힘을 모아 마지막으로 몇 차례 더 힘을 주라던 간호사 선생님들과 의사 선생님 덕분에 첫아이를 만나게 되었다. 그렇게 아팠던 배 속에서 뭔가 쑥 빠지는 느낌 뒤로 잠시 뒤 아기 울음소리가 들리고 정신을 놓은 내 품에 내가 낳은 아기를 안겨주었다.

"아기야… 엄마야… 힘들었지… 엄마 아기로 태어나 줘서 고마워…."

내가 엄마가 되었다는 것이 감동스러웠고 건강한 아이를 만난 것이 감사해서 눈물이 났다. 눈물이 흘러내리지 않게 조용히 눈을 감았다.

첫아이를 출산하니 많은 분들께서 축하 꽃바구니를 보내 주셨다. 출산의 진통을 겪고 나서야 친정 엄마가 더 위대해 보이고 감사했다. 엄마는 나를 꼼짝도 못하게 했고 출산하고 나서 많이 먹어야 한다며 때마다 들어오는 식사를 다 먹게 했다. 아기는 병원에서 신생아실에서 잘 봐주고 있으니 나를 먼저 챙기시라고 했다 퇴원 후 집에 돌아와서도 엄마는 내가 가만히 누워 있도록 해 주셨다. 아기에게 모유를 수유하겠다고 시간이 될 때마다 아기를 안는 걸 보고 초유만 먹이고 분유를 먹이라고도 했다. 요즘 분유가 잘 나오니 억지로 팔 아픈데 애기 안고 먹이지 말라고 하셨다. 그러면서 이렇게 말하셨다.

"나는 손주도 예쁘지만 내 새끼가 더 귀하다. 몸 상하지 않게 적당히 해라."

아기를 낳고서야 친정 엄마가 나를 어떻게 낳았는지 알게 되었다. 엄마의 마음이 그렇듯이 나는 내가 힘들더라도 내 아기에게 모유를 먹여 면역력을 키워야겠다고 생각하고는 출산 휴가 중에 부지런히 모유 수유를 했다. 유축기로 모유를 짜서 냉동실에 넣어 두기도 하고, 종일 잠만 자는 아기가 예뻐서 작은 발가락을 만져 보기도 하고 가만히 잠자고 있는 아기가 숨은 쉬고 있는지 가슴에 귀를 대어 보기도 했다.

한 달, 두 달이 지나면서 아기는 더 살이 올랐고 모유 수유를 할 때면 얼마나 힘차게 먹는지 하루가 다르게 커갔다. 아기에게 더 좋은 모유를 만들어 줘야 한다는 생각에 친정 엄마가 차려주시는 미역국을 하루에 다섯 번씩 먹기도 했다. 분명히 아기 체중만큼 나의 체중도 줄어들어야 하지만 오히려 체중이 더 늘어나는 것 같았다. 수유를 짧은 기간 동안만 할 수 있어서 애를 썼던 것 같다.

아기들은 조금 성장할 만하면 꼭 병치레를 했다. 직장 다니는 엄마가 힘들까봐 꼭 금요일부터 열이 나고 보채기 시작했다. 그리고 주말 사이 엄마의 간호를 받으며 낫기를 반복했다. 아이들이 어릴 때 어떻게 키웠는지 많은 기억이 나지 않지만 아이들을 키우면서 아이들이 아플 때 내 마음이 아팠고 그럴 때마다 부모님도 나를 이렇게 키우셨구나 생각하게 됐다. 엄마가 되면서 비로소 엄마를 알게 되었다.

큰아이는 고등학생이 된 뒤로 아침 7시에 집을 나서고 밤 11시가 넘어서야 자습을 마치고 집에 돌아온다. 짧은 거리지만 학교에 태워다 준다. 조금이나마 피곤함을 덜어주기 위함이다. 하루 종일 학교에서 공부를 하고 집에 돌아와 잠시 쉬고는 또 잠자리에 들어야 하는 아들을 지켜보니 안쓰럽기만 하다. 아들이 저렇게 힘든 공부를 하는데 엄마인 내가 편히 쉴 수는 없다는 생각에 아침저녁으로 집에서 학교로, 학교에서 집으로 픽업을 했다.

내 아이들이 힘들어 하지 않고 생활할 수 있도록 해 줄 수 있는 부분을 해 주고 싶다. 여건이 된다면 아이들이 인생의 출발선에서 조금이나마 갖추어진 상태에서 출발할 수 있게 해 주고 싶고 엄마인 내가 조금 힘들더라도 내 아이들이 편할 수 있다면 그 일을 해낼 수 있을 것 같다. 엄마가 되기 위한 출산의 고통에서도 내가 참을 수 있는 한 소리를 지르지 않고 참아냈던 것처럼 말이다.

나는 아직은 완전한 엄마가 아니라 초보 엄마를 조금 지난 정도라 생각한다. 아이들을 키우면서 엄마도 조금씩 익어가는 것 같다. 고3 엄마가 되기 전에는 입시에 대한 긴장감이 지금보다 덜했던 것 같다. 아이들을 키우는 과정마다 느낀 그 감정들이 나를 엄마로 만들어 가는 것 같다.

아들을 군대에 보낼 때, 학업을 마치고 사회생활을 할 때, 배우자를 만나 결혼을 시킬 때, 아이를 낳아 부모가 되는 것을 지켜볼 때 엄마는 그때마다 더 익어가는 부모가 되는 것 같다.

매순간 자식들이 잘되기를 빌어 주시는 부모님께 감사한 마음을 느끼는 이 순간도 나는 엄마로 익어가는 것 같다. 시골에 계신 친정 모친께 일 안 하고 쉬셔도 되는데 왜 일을 하시냐고 물어 보면,

"내가 몸이 성할 때 조금이라도 더 노력해서 너희들 보태 주고 싶어서 그런다."

라고 하신다. 엄마의 마음은 그런 것 같다. 어느 순간 당신의 삶보다 자식들의 엄마로서 살아가는 것으로 삶을 살아가게 되는 것이다.

아이들을 키우면서 아이들이 어른이 되어 가는 시간만큼 엄마는 엄마로 익어가게 되는 것 같다. 아침에 잠이 모자라 깨워도 5분만 더 자고 싶어 하는 아이들을 볼 때의 안쓰러움과 서둘러 집을 나선다고 식탁에 차려진 밥을 먹지 못하고 나서는 아이들을 볼 때의 속상함들이 엄마로 익어가는 시간인 것 같다.

가끔 친정엄마와 통화를 할 때 어릴 적 엄마와 함께 지냈던 그 시간을 이야기한다. 엄마와 내가 함께 있었던 시간을 이야기하며 내가 엄마를 그리고 있다는 것을 알려 주고 싶기 때문이다.

엄마라는 이름의 무게

물 한 방울이 몸속으로 들어가서 수정이 되고 생명체가 되어 열 달 동안 뱃속에서 아기를 키우게 된다. 아기의 골격을 만들어주기 위해 엄마는 하늘이 핑 도는 어지럼증을 이겨내며 자신의 몸 일부분으로 자기의 분신을 만들어 간다. 탯줄로 연결된 엄마와 태아는 사실은 하나의 몸과 다름없다.

엄마가 행복해 하면 태아인 아기도 건강하게 잘 자라게 되고 엄마가 스트레스를 받거나 힘든 생활을 하게 되면 아이도 어느 한 부분이 아프게 태어나기도 하고 조금 늦게 성장되기도 한다. 엄마의 몸속에서 엄마의 심장 소리를 들으며 탯줄로 연결된 아기는 태어나면서 의사 선생님의 손에 탯줄이 잘린다. 아기와 엄마의 연결통로인 탯줄이 잘린 아기는 엄마와 떨어진다는 놀라움을 큰 울음소리로 표현하는 게 아닐까 생각한다.

뱃속에서부터 엄마의 심장소리를 듣고 성장한 아기는 엄마의 심장 가장 가까이에서 젖을 먹을 때가 가장 행복하지 않을까? 성장하면서 점점 엄마 품에 안기어 있는 시간이 짧아지고 엄마와 많이 떨어져 지낼수록 아기들은 낯선 공간에 혼자 남겨진 곳에서 불안해하는 것이 아닐까?

엄마들이 아이들과 하루에 한 번은 따뜻한 포옹을 해야 하는 이유가 여기에 있다. 탯줄로 연결된 엄마와 아이들은 하나였는데 태어나면서 탯줄이 잘라져 무선이 되었으니 하루에 한 번은 엄마의 심장과 아이의 심장이 마주하게 해서 잘 뛰고 있다는 것을 알려 줘야 한다. 고등학생이 된 아들과 중학생이 된 아들을 하루에 한 번씩 안아주는 것도 이 때문이다. 매일 아이들과 포옹을 하면 놀라운 일이 일어나는 것 같다. 서로의 심장 소리를 확인하는 짧은 포옹만으로도 우리가 하나였음을 확인하기에 충분하기 때문에 아이들과 더 많은 이야기를 나누게 되는 것 같다.

내가 어릴 적에는 사랑 표현이 서툴러서였는지, 부끄러움이 많아서인지 엄마와 안아 본 기억이 많이 없는 것 같다. 가끔씩 엄마가 내 귀지를 파줄 때 엄마 무릎에 누웠던 것이 엄마와 가까이 있었던 기억의 전부다.

영덕의 작은 해안가 마을 대진리에서 태어나 자란 나는 매일같이 바닷가나 들에서 일을 하시는 엄마와 많은 시간을 보내 본 기억이 없다. 엄마는 바닷물이 잔잔한 날에는 물질을 하러 바다에 나가셨고 바다 날씨가 굳은 날에는 들일을 보러 가셨다. 고구마 밭에서 고구마 줄기를 꺾어 반찬을 할 나물을 손질하기도 하고, 비온 뒤 땅이 촉촉해진 날에는 논두렁에서 김을 매고 콩을 심었다. 비바람이 치고 천둥번개가 치는 날에는 아궁이가 활활 타오르도록 방을 뜨끈하게 데우고 그동안 쉬지 못했던 몸을 쉬게 하셨다. 이게 내가 기억하는 엄마의 휴식 시간의 전부였다.

그리 넉넉하지 않았던 집안에 시집을 온 엄마는 2남 3녀의 엄마로 억척같이 일을 하셨다. 엄마도 힘드셨을 텐데 어찌 그렇게 일을 하셨는지 모른다. 초등학교 때 학교에서 돌아오면 날씨가 굳은 날에만 엄마를 볼 수 있었다.

초등학교 때 수업을 마치고 30~40분 걸어서 집으로 돌아오면 빈집에 아무도 없을 것을 알면서도 마당에 도착하면 문이 닫힌 안방에 대고 인사를 했다.

"학교 다녀왔습니다."

엄마와 아버지께서 일하러 가시고 집에는 아무도 없다는 것을 알면서도 내가 학교에 잘 다녀왔다는 것을 큰소리로 알렸다. 조용한 집에서는 처마 밑 제비둥지의 새끼 제비가 재잘거리는 소리만 들렸다. 엄마 제비들은 멀리 날아가 벌레를 물어다 새끼 제비들에게 갖다 주고 있고 새끼 제비들은 엄마 제비를 보며 더 입을 크게 벌린 채 엄마가 돌아오는 것을 반기고 있었다. 집안에 아무도 없는 것을 알면서도 안방을 기웃거리기도 하고 아랫방 문도 열어 본다. 행여나 엄마가 방에 누워 잠이라도 주무시는 건 아닌가 하면서 말이다.

초등학교 때인가 중학교 때 소풍을 가는 날인데 아침에 일어나 보니 엄마가 보이지 않았다. 소풍가는 날이면 누가 깨우지 않아도 일찍 눈이 떠졌다. 분명히 엄마도 우리가 소풍을 간다는 것을 알고 있었는데 아침에 일어나니 엄마가 안 보였다. 순간 머릿속에 '점심 도시락, 김밥은 어떡하지?' 걱정이 되어 부엌으로 가 보니 쟁반 위에 소시지, 단무지, 계란말이, 오이, 당근 등 재료가 준비되어 있었고 밥솥에도 갓 지은 밥으로 김이 모락모락 올라오고 있었다.

엄마가 새벽에 김밥 재료를 준비해 놓으시고 일을 나가신 것 같았다. 아무리 바빠도 엄마는 소풍 때 먹는 점심 도시락은 꼭 준비해놓았는데, 그날은 많이 바쁘셨나 보다 생각하고 준비된 재료로 내가 동생들 김밥을 싸서 도시락을 챙겨 준 적이 있었다.

엄마는 하루도 쉬는 여유가 없이 일을 하셨다. 그만큼 경제적 여유가 없었던 것 같다. 부모라서, 엄마라서 자식들이 배가 고프게 해서는 안 된다는 생각이 우선이셨던 것 같다. 엄마는 누구보다 착하고 감성적이고 마음이 여린 사람이지만, 생활이 바쁘다 보니 자식들을 안아 주고 사랑표현을 하실 여유가 없었던 같다.

아이들이 그렇게 기다리던 소풍날 아침에, 김밥 재료만 준비해 놓고 김밥을 못 싼 채 일을 나가셔야 했던 엄마의 마음이 어땠을까? 아침에 일어나 엄마가 없어서 놀란 어린 나보다 김밥 도시락을 준비해 놓지 못하고 일을 나간 엄마가 더 마음이 안 좋았을 거라는 생각이 든다.

직장생활을 하느라 큰아이를 어린이집에 맡기게 되었는데 아침 일찍 가서 저녁 늦게 귀가를 하다 보니 아이가 감기도 걸리고 골골 거리며 힘들어한 적이 있었다. 그때 내가 회사를 그만두고 싶다고 했을 때 친정엄마가 그렇게 말렸다. 그 좋은 직장을 왜 그만두냐고, 애가 아파서 마음 아픈 것보다 돈이 없어서 해 주고 싶은 것을 마음껏 못해 줄 때가 더 가슴이 찢어진다며 결사반대를 했던 기억이 난다. 엄마이기 때문에 감성적인 속상함을 뒤로하고 돈 되는 일을 할 수밖에 없었던 엄마의 속마음을 듣게 되었다.

초등학교 때인가 중학교 때 불우이웃을 돕기를 위해 봉지에 쌀을 담아서 학교에 내야 하는 때가 있었다. 엄마는 새벽부터 일하러 나가셨고, 언니와 나는 쌀 봉지를 어떡해야 하나 걱정을 하다가 쌀독에 있는 쌀을 찾기로 했다. 예전에 개량하기 전의 친정집은 부엌이 입구에서 푹 내려가 있었고 부엌의 광 안에 있는 큰 장독에 쌀을 보관하고 있었다.

쌀이 어느 정도 차서 여유가 있을 때는 우리가 팔을 뻗으면 쌀바가지로 쌀을 퍼낼 수 있었지만 쌀을 다 먹어 가고 없을 때는 몸통을 장독 깊숙이 밀어 넣고 까치발로 몸을 구부려야 겨우 바닥에 붙어있는 쌀들을 모아 봉지에 담을 수 있었다. 매일 새벽에 밥을 짓기 위해 장독을 여는 엄마는 점점 바닥 밑으로 줄어들어 가는 쌀을 볼 때면 마음이 급해지시지 않았을까 생각이 든다. 한꺼번에 입을 크게 벌리고 엄마가 오기를 기다리는 처마 밑의 제비 새끼들 같은 우리를 위해서 엄마는 부지런히도 날갯짓을 했을 것이다. 잠시도 쉴 틈이 없이 말이다. 해가 빠지면 둥지에 들어와 어린 새끼들을 보듬고, 해가 뜨면 또 어디론가 날아가 먹이를 물어다 어린새끼들 입에 먹이를 넣어주는 어미 새와 같이….

　나도 아이들이 어렸을 때 직장생활을 하느라 아이들 유치원 운동회나 참관수업에 참석을 못한 적이 많았다. 아이들은 "엄마 괜찮아~"라고 말했지만 못 간 내 마음이 더 미안했었고 엄마니까 아이들에게 더 열심히 생활하는 모습을 보여 줘야 한다는 생각으로 일했다. 회사에 일찍 출근을 해야 하는 날이면 아침에 아이들이 먹을 아침밥이나 입고 갈 옷들, 어린이집 준비물을 몇 번이고 챙기고 확인했다. 내가 그 상황이 되어 보니 엄마의 입장이 이해되기 시작했고 엄마라는 이름의 무게를 조금씩 알게 되었다. 직장생활을 했던 나는 그래도 한 달이 지나면 월급이 통장으로 들어왔지만, 친정엄마는 달랐으니 말이다.

　돈 되는 일을 찾아야 했고, 자식들과 감정을 나누는 일보다 생업이 우선이었을 것이다. 시골에서는 그렇게 하지 않으면 돈 구경을 할 수가 없었다. 오 남매를 굶기지 않으려면, 학교에 보내려면 그렇게 해야만 했다. 가끔 술에 취한 아버지께서 엄마가 하시는 일을 못하게 방해를 할 때도 엄마는 묵묵히 그 일을 해내셨다.

누구보다 열심히 해야 아이들을 교육을 시키고 남들 하는 것을 빠지지 않고 시킬 수 있다는 생각에, 또 엄마가 열심히 살아야 자식들도 부모를 보고 배운다는 생각에, 마을에서 소문날 정도로 엄마는 열심히 일하셨던 것 같다. 그 덕분에 우리 집 형제들은 엄마의 성실하고 부지런한 삶을 그대로 배울 수 있었고 엄마가 고생하시는 것을 보고 자랐기 때문에 다들 열심히 생활하게 됐다.

힘든 여건 속에서도 자식들 앞에 부끄럽지 않는 부모가 되기 위해 열심히 살아와주신 어머니께 진심으로 감사드린다. 엄마의 딸로 태어나게 해 줘서 감사하다. 엄마가 나에게 부지런하고 성실함을 보여 주셨으니 나도 내 자녀들에게 그런 모습을 보여 주고자 한다. 꿈을 갖고 하나씩 이루며 함께하는 모든 분들께 선한 영향력을 미칠 수 있는 사람이 되라고 가르치려 한다.

엄마가 된 이후로 나는 '엄마로서 아이들을 바르게 키워 세상에 내놓아야 한다'는 사명감을 매 순간 생각하게 되었다.

『천년을 만드는 엄마』라는 책을 보면 이런 내용이 나온다. 배 속의 태아가 주먹을 쥘 때 엄지손가락을 먼저 굽히고 그 위에 나머지 네 개의 손가락을 굽혀 주먹을 쥔다는 것이다. 엄지손가락을 밖으로 쥐면 아기 손톱이 아기집 벽에 상처를 낼 수 있는데, 그러면 다음에 태어날 동생이 살아갈 아기집의 환경이 나빠질까 봐 주먹을 안으로 쥔다는 것이다.

태아인 상태에서도 이러한 귀한 생각을 하고 행동을 하는데 엄마인 나는 아이들이 큰 뜻을 펼쳐 나가는 데 어떤 도움을 주는 엄마가 되어야 하는 것일까 생각을 하게 되니 엄마라는 이름이 얼마나 중요하고 큰 역할인지 생각하게 됐다.

나는 진정엄마와 함께 심장소리를 들으며 안이 본 기억은 많이 없지만, 엄마가 우리 오 남매를 키우기 위해 누구보다 애를 쓰고 계셨다는 것을 잘 안다. 또한 엄마는 우리 형제들을 때리신 적이 없다. 귀하고 예뻐서 때릴 수가 없었다고 한다. 내 새끼들 얼마나 예쁜데 어디 때릴 데가 있냐고 엄마는 가끔 이야기를 했다.

엄마는 천년의 역사를 만드는 중요한 일을 하도록 하늘에서 내려준 천사인 것이다. 자녀들을 바르게 잘 키워야 한다는 사명감이 큰 힘을 발휘하게 하는 것 같다. 자식을 큰사람으로 키울 수 있는 능력을 가진 천사가 바로 엄마이다.

왜 엄마는 늘 속상한가

깜깜한 겨울에도 아침 5시 30분부터 울리는 알람소리에 눈이 번쩍 뜨인다. 이 시간에는 일어나서 준비를 시작해야 아이들 식사를 챙기고 7시까지 사무실에 도착할 수 있기 때문이다. 서둘러 욕실로 가서 머리를 감고 수건을 머리에 감은 채 빠른 손놀림으로 스킨로션을 바르고 화장을 한다.

드라이기로 대충 머리를 말리고 몇 번 빗으로 머리 정리를 한다. 6시가 조금 넘는 시간이면 주방으로 들어가 어제 밤에 예약해 둔 밥을 퍼서 아이들이 아침을 먹을 수 있도록 서둘러 준비를 한다. 아이들은 햄이나 계란 또는 고기반찬이 있어야 조금이나마 아침을 먹는다.

가끔 반찬이 없는 날에는 3분 카레나 짜장을 데워서 밥에 비벼 주기도 하고 어떤 날에는 집 앞 상가에 있는 24시간 김밥나라에 내려가서 김밥을 포장해 오기도 했다. 어떻게든 아이들 아침을 먹여서 보내려고 했다. 내가 지점장으로 일하는 동안에는 아이들도 아침 6시 20분에 일어났어야 했다. 눈을 감고 식탁으로 와서 엄마가 준비해둔 아침을 몇 숟가락 뜨고 정신을 차린다. 얼른 먹어야 엄마가 식탁을 치우고 준비해서 나가기 때문이다.

애들이 일어나 차려놓은 아침을 조금이라도 먹어야 마음이 놓였다. 아이들이 아침에 뭐라도 먹을 수 있게끔 저녁에 퇴근할 때는 다음날 아침에 뭘 줄까 고민을 하며 퇴근을 했다. 저녁에 미리 아침 준비를 해둬야 마음이 편했기 때문이다.

눈 뜨자마자 아침식사를 하고 난 아이들은 식사 후 씻으러 욕실로 들어간다. 아이들도 피곤한 날에는 엄마의 성화에 일어나서 눈도 못 뜨고 아침을 먹은 뒤, 다시 방으로 들어가 잠시 눈을 붙인다.

6시 40분에는 엘리베이터를 타고 내려와 회사로 향한다. 가면서도 아이들이 등교를 해야 하는 시간에는 차 안에서 집으로 전화 연결을 한다. 애들이 잠이 깬 목소리로 전화를 받으면 마음이 놓여서 회사로 향하는 엄마의 마음도 편안해진다. 목요일이나 금요일쯤이면 아이들도 피곤해져서 엄마가 전화를 해도 못 받는다. 그러면 회사로 향하는 엄마는 속이 탄다.

한 번은 회사 교육이 있어서 천안에 있는 연수원에 1박 2일로 교육을 간 적이 있었다. 남편도 타 지역에서 근무를 하던 때라 연수원으로 교육을 가던 날에는 아이들을 깨워서 챙겨 보낼 수 있었지만 다음 날 아침이 문제였다. 저녁에 일찍 자라고 전화를 하고 알람도 여러 번 울리게 맞춰 놓으라고 당부를 했다.

아침에 아이들이 일어나야 할 시간에 집으로 모닝콜 전화를 했는데 아이들이 받지를 않았다. 연수원에 있는 나는 속이 탔다. 그때 생각한 것이 앞집 아주머니였다. 아주머니께 부탁을 해야겠다는 생각으로 새벽같이 전화를 했다. 회사 교육을 왔는데 아이들이 전화를 안 받는다고 상황을 이야기 하고 애들을 깨워줄 것을 부탁했다.

그렇게 엄마가 직장생활을 할 때는 아이들도 고생이었다. 직장을 다니는 엄마들은 나름대로 회사에서의 역할도 있다 보니 나름대로 최선을 다한다. 내가 힘든 것은 어떻게든 이겨 낼 수 있었지만 가끔씩 어린 아들들이 혼자서 뭔가를 해결해야 하는 상황이 올 때는 너무 속상했다.

오전에 날씨가 맑아서 그냥 학교를 보냈는데 오후에 아이들이 귀가를 할 쯤 비가 내리면 비를 맞고 집으로 돌아올 아이들 생각에 어떻게 해 줄 수 없는 여건이 너무 속상했다.

아침에 날씨정보를 확인했어야 하는데 못 하고 그냥 보냈을 때가 가끔 있었다. 저녁에 미안한 마음에 어떻게 왔는지 물어보면 그냥 비를 맞고 왔다고 한다. 그 말에 엄마는 더 속이 상한다.

직장생활을 하다 보면 가끔은 너무 피곤하여 집안 청소를 못할 때도 있다. 주말이나 모처럼 연휴가 있을 때 가족들과 함께 여행도 가면 좋지만 너무 피곤해서 집에서 잠을 자면서 재충전을 할 때가 있는데 남편은 그럴 때마다 뭐라고 했다.

"당신 이럴 것 같으면 회사 그만 두는 게 어때?"

가끔은 힘들다고 이야기를 하고 싶기도 하고 회사 일을 하다 보면 밑반찬 준비를 잘 못 할 때도 많은데 그때마다 남편은 그렇게 말했다.

어떻게든 젊을 때 부지런히 일해서 아이들 교육도 시키고 나이 들어서 좀 여유롭게 지내고 싶은 마음을 몰라주는 남편은 가끔씩 화를 냈다. 회사에서 늦게 퇴근하게 될 때도 말이다.

엄마들은 회사 일도 해야 하고, 아이들도 챙겨야 하고, 집안일까지 하느라 정신이 없는데 말이다. 그렇다고 그것이 나 혼자만을 위한 것인가. 그렇지 않은데 남편이 그렇게 이야기할 때는 더 속상했다. 요즘은 혼자 벌어서 살기 힘든데 이렇게나마 아내가 함께 해 주는 것을 고마워하고 도와주지는 못할망정 그런 소리를 했다.

내가 엄마가 되고 나서 일을 하다 보니 가끔 내가 어릴 적 생각이 난다. 어릴 직에 아버지와 엄마가 싸우시고 엄마가 혼자서 벽에 기대고 무릎을 세우고 쪼그리고 앉아서 혼자서 꺼이꺼이 소리를 내며 우는 것을 본 적이 있다. 친정 엄마는 정말 열심히 살아오신 분이다. 마을에서 우리 엄마만큼 부지런히 일하신 분은 없을 것이다. 잠시도 가만있지 않고 뭐라도 하셨다. 친정 엄마가 아등바등 애들 키우려고 열심히 하면 아버지는 일에 욕심을 부린다고 화를 냈다.

아버지께서는 어느 정도만 하고 엄마가 쉬었으면 하는 마음이었던 것 같다. 어떻게 보면 엄마를 생각하는 마음이 있었는지도 모른다. 아버지께서 한바탕 난리를 치면 엄마는 일 욕심을 더 부릴 수 없어 조금씩만 했던 것 같다. 엄마는 일손을 맞춰서 아버지께서도 함께 일을 해 줬으면 하는데 어떤 때는 아버지가 술을 드시고 엄마 일을 도와주지 않았다. 그럴 때도 엄마는 혼자 그 많은 일을 하느라 고생을 했다. 그렇게 일하고 들어오면 술을 드신 아버지께서는 밥 때인데도 밥을 안 줬다며 욕을 했고 엄마를 속상하게 했다. 그때는 나도 가끔은 이해가 안 되었다. 아버지께서는 엄마 일도 도와주시지 않고서는 일하고 들어오시는 엄마에게 욕설을 할 때도 있고, 술을 드시고 취해 있을 때도 있었기 때문이다.

엄마와 아버지가 싸우는 날에는 혹시나 엄마가 도망이라도 가면 어떡하나 걱정을 하기도 했다. 엄마는 없는 살림에 부지런을 떨 수밖에 없었다. 엄마는 우리들을 참 예뻐했다. 한 번도 매를 들지 않았고, 화를 내지도 않았다. 어른들 말씀으로는 애들 배곯지 않게 하려고 엄마는 부지런할 수밖에 없었는데 아버지께서는 어느 순간 일손을 놓으셨다고 한다. 아버지가 아무 일을 하지 않으시면서 엄마는 더 힘들어지셨다.

그때는 몰랐지만 이제야 알 것 같다. 엄마가 그때 얼마나 속상했을까. 엄마 혼자 바닷가에서 나물을 뜯어와 수북이 쌓인 나물을 손질을 하고 데쳤다. 어둡도록 엄마가 일을 해도 아버지께서는 일손을 놓고는 술을 드시고 엄마에게 욕심스럽게 일을 많이 한다고 화를 냈다. 그럴 때 얼마나 힘들고 속상했을까 싶다. 엄마 혼자 먹고 살려고 한 것도 아니고 자식들을 위해서 엄마도 고생스럽지만 일을 한 건데 아버지께서는 도와주지 않았던 것이다.

친정 동네에 오징어 건조를 처음 시작한 것도 엄마였다. 마을 사람들이 장사를 시작하기 전에 엄마는 바닷가에서 나물을 뜯어 5일 장날마다 시장에 내다 팔았는데, 시장에서 가만히 앉아서 나물을 팔면서 다른 사람들이 장사를 하는 것을 유심히 살펴봤던 것 같다.

영해시장에 5일장이 열리는데 후포에 오징어 배가 있어 할머니 한 분이 오징어를 건조하여 몇 축씩 들고 시장에 오셨다. 엄마는 그때마다 다른 지역의 바닷가가 인접한 시장에 가서 물건을 사 왔다고 한다. 엄마가 내다 파는 나물도 잘 팔렸었는데 나물보다 더 잘 팔리는 것이 바로 건조된 오징어였다고 한다. 후포에서 할머니께서 오징어를 5~10축 정도 가지고 오시면 오자마자 장사꾼이 가지고 가는 것을 보고 엄마는 오징어 건조를 시작했다고 한다.

우리 마을에는 오징어가 잡히지 않았지만 옆 동네에서 오징어가 잡혔다. 엄마는 그걸 알고는 오징어가 잡힐 때마다 지나가는 길에 포터에 한두 가구씩 받아서 건조를 시작했다. 처음에는 20축을 보자기 두 개에 나눠서 단단히 묶고 새벽 일찍 택시를 불러 영해 5일장으로 향했다. 엄마는 무슨 일이든 깨끗하고 반듯하게 하시는 성격이다.

택시를 타고 새벽에 영해시장 입구에 도착해서 오징어를 쌓아 놓은 보자기 꾸러미를 내려놓고 시장 입구에 지리를 잡았다고 한다. 처음 건조를 해서 가지고 간 것이라 새벽 동이 트기 전에 깜깜한 시장에 도착했다. 누가 오징어 장사꾼인지도 모르고 지난번에 후포에서 오신 할머니가 자리 잡았던 근처에 보따리를 내려놓고 두리번거리다가 일단 보자기를 풀어 놓았다고 한다.

아직 어둑어둑한 새벽시장에서도 장사꾼들은 엄마의 오징어가 한눈에 들어 왔던지 보자기를 풀어 놓자마자 와서 20축을 한꺼번에 다 사겠다고 하여 팔았다고 한다. 엄마는 처음이다 보니 금액을 먼저 부르지 않았다. 다만 깨끗하게 잘 건조했으니 금액을 잘 쳐달라고 했다. 그랬더니 장사꾼도 물건이 마음에 들었던지 물오징어를 구입한 금액의 3배의 금액을 쳐준다고 했단다. 그렇게 엄마의 오징어를 건조해 시장에 내다 파는 일이 시작되었다.

시골에서 나물을 내다 팔 때는 버는 돈이 많지 않았는데, 오징어 건조를 시작해서 시장에 내다 팔았더니 3배의 돈을 만질 수 있었다. 그래서 엄마는 조금씩 더 일을 많이 했다고 한다. 그때마다 아버지께서 일을 욕심 부려서 많이 한다고 화를 내셨지만 새벽시장에 물건을 내려놓으면 바로 장사꾼이 물건을 가지고 가니 신이 났다고 한다. 일도 수월하고 돈도 목돈이 되니 엄마는 더 많은 오징어를 건조해서 시장에 내다 팔았다.

고생 고생해서 일해도 몇 푼 안 되는 나물 대신 오징어를 시작한 덕분에 살림이 넉넉해지기 시작했다고 한다. 아버지께서 조금만 더 도와주시면 더 많은 돈을 벌수 있는데 그러지 않는 아버지 때문에 속상했다고 한다. 그렇다고 엄마는 아버지께 오징어가 돈이 된다고 말도 할 수 없었다고 한다. 아버지가 아시면 조금만 일하고 안 할 것 같기도 했고, 아버지께서 다른 사람들에게도 오징어를 하면 돈이 된다고 알려 주실 것 같았기 때문이다. 엄마는 아버지께도 알리지 않고 혼자 오징어 건조 일을 했다.

아버지께서 일을 도와주지 않는 것은 속상했지만 오징어 건조 덕분에 5일 장날마다 엄마도 일하는 재미가 났고 살림도 조금씩 넉넉해졌다. 엄마는 돈이 없어 자식들에게 해 줄 걸 못 해 주는 것보다 고생스럽고 힘들더라도 일을 해서 조금씩 넉넉해지는 것이 더 좋았던 것 같다. 대부분의 시골에 계시는 엄마들이 이럴 때 속상하지 않으셨나 싶다. 엄마는 생활이 조금이라도 넉넉해지길 원하는 마음에서 이것도 하고 저것도 하며 힘든 것을 참고 해내는데 아버지께서는 그렇게 힘들게 아등바등 일하는 엄마를 도와주지는 못할망정 방해를 하셨고, 그때마다 엄마는 속이 탔다.

엄마 혼자 힘든 일을 하게 두지 않고 조금이라도 일손을 거들어 주셨으면 좋았을 텐데, 아버지는 그렇지 못했다. 엄마는 그 많은 일들을 혼자 해내시며 몸소 자식들에게 성실함을 보여 주셨다.

덕분에 우리 형제들은 누구보다 부지런하고 어떤 일이든 잘해낸다. 엄마는 늘 속상했지만, 그 속에서 자식들은 엄마의 성실함을 배울 수 있었기에 한편으론 감사하다.

엄마가 되고서야
비로소 엄마를 그리다

내 마음속 결혼의 조건 중에 한 가지가 처음 시작할 때 시재를 제로에서 시작하는 것이었다. 직장생활을 하다가 만난 남편에게 결혼을 하면서 그런 말을 한 적이 있다.

"우리 결혼할 때 지참금도 가지고 오지 말고 대출 잔액도 없이 제로에서 시작하기로 해요."

지금까지 예쁘게 자식을 키워주셨는데 결혼을 할 때까지 부모님께서 힘들게 모으신 돈으로 시작하고 싶지 않았기 때문이다.

결혼 전에 직장생활을 하며 월급을 받으면 내가 알아서 저축을 하고 알아서 지출을 했다. 결혼을 한다고 해서 부모님께 부담을 드리고 싶지 않았기 때문이다. 직장생활을 하며 내가 모은 돈으로 결혼준비도 하고 신혼살림을 장만하고 싶었고, 조금 남은 돈을 친정 부모님께 드리고 싶은 속마음도 있었다.

남편에게도 신혼집을 군이 따로 준비하지 않아도 된다고 했다. 결혼 전의 남자들이 그렇듯이 특별히 돈을 모은 것이 없는 것 같았고, 가정을 이뤘으니 우리 둘이서 모아서 내 손으로 집을 장만하고 싶었다.

포항에서 근무를 하고 금요일 퇴근 시간이 되면 버스를 타고 대구에 오는 것으로 신혼생활이 시작되었다. 결혼할 무렵 시댁이 있는 원대동 철길 옆의 이층 주택에 살았는데, 이층에서는 어른들께서 생활하셨고, 아래층의 셋방 하나를 우리의 신혼집으로 꾸미고 살았다. 시댁 어른들께도 신혼집 장만 때문에 손을 벌리지 않은 것이다.

철길 옆 주택에서 처음 잠을 잘 때는 기차가 지날 때마다 유리창이 떨리고 침대까지 흔들리는 듯 했었는데 점점 시간이 흐르면서 밤새 기차가 지나갔나 하는 생각이 들 정도로 적응이 됐다.

그 당시 시어머니께서도 일을 하러 다니셨는데 한 집의 아래위층에 살다 보니 그게 참 불편했다. 평일에는 퇴근 후 인사만 드리고 아래층에서 밥을 해먹고 씻고 휴식을 취하면 됐지만 주말이면 시어머니께서 일을 나가셔서 식사 때마다 낯선 이층 부엌에서 식사준비를 해야 했다. 그게 그렇게 싫었다. 신혼 때만큼은 남편과 둘이 편하게 지내고 싶었는데 항상 조심스러웠다. 윗층에 어른들께서 계시니 새댁에 되어서 주말에 너무 늦잠을 자는 것도 신경이 쓰였고, 주말에 맛있는 것을 시켜 먹고 싶은데 어른들께서 계시니 자유롭게 하지 못했다.

평일에는 회사를 다니고 주말이면 밑반찬을 해서 가끔은 시아버님 식사를 챙겨드려야 하는 것이 여간 신경 쓰이는 일이 아니었다. 첫아이가 태어나면서 더 힘들어졌다. 큰아이가 어릴 때 시어머니께서 아이를 봐주시기로 하고 직장생활을 했었는데, 어머님은 아직 어린 아이를 아버님께 맡기고 일을 하시러 다니셨다. 회사에서 일을 마치고 돌아오면 아이를 데리고 1층 우리 집으로 내려와서 아기 목욕부터 기저귀와 옷 세탁, 집안 살림까지 하는 것이 너무 힘이 들었다.

아기가 배 속에 있을 때는 퇴근해서 내 몸만 챙기고 내 집안만 챙기면 되었는데 아기가 태어나고 나서는 직장생활을 하면서 집안일에 육아까지 하려니 너무 힘들었다. 남편은 본인의 집이고 부모님이니 편했겠지만 나는 너무 불편하고 힘들었다. 직장생활과 초보 며느리

역할과 초보 엄마의 역할까지 하는 것이 버거웠다.

친정 엄마가 너무 보고 싶었다. 우리들끼리 살고 있었다면 내가 힘들 때 친정엄마가 와 주실 수도 있었을 텐데 시댁 어른들께서 이층에 계시는 아래층에 함께 살다 보니 사실 친정엄마께서는 우리가 분가를 하기 전까지 한 번도 신혼집에 오신 적이 없다. 사돈어른이 계신 집이라 당연히 자유롭게 오가지 못했던 것이다.

시어머니께서 아이를 봐 주시기로 했기 때문에 신혼집을 어른들이 계시는 집의 아래층으로 잡은 것인데, 정작 시어머니께서는 아이를 아버님께 맡기고 일을 나가시거나 애를 데리고 먼지 풀풀 날리는 농산물시장으로 일을 나가시는 것 같았다. 퇴근해서 아이 목욕에 빨래까지 하며 직장생활을 하기에는 내가 너무 힘이 들었고 어차피 내가 일을 다 하는데 출퇴근 시간이라도 줄이고 싶었다. 할아버지에게 맡겨지다 보니 기저귀가 아깝다고 자주 갈지 않아서 엉덩이와 사타구니가 벌겋게 되는 날도 많았다.

결국 회사 근처로 분가를 하기로 했다. 처음 신혼살림을 차릴 때도 2~3년 살다가 분가를 하는 것으로 이야기하고 함께 살게 되었는데도, 막상 결혼한 아들 내외가 분가를 한다니 시어머니께서는 몹시 섭섭하셨는지 미운 소리를 마구 쏟아내셨다. 정말 이해가 안 가는 말도 들어야 했다. 나 역시 상처를 받았고 시어머니께서는 친정엄마와 또 다른 생각을 하고 계신다는 생각이 들었다. 왜 자식들에게 저렇게 심술을 부리는지 이해할 수 없었다. 분가를 하겠다는 우리들에게 쏘아 붙이듯이 섭섭함을 표현하시던 모습이 기억에 남아 시어머니께 정을 붙이지 못했던 것 같다. 두 번 다시 안 보실 것 같이 말씀을 하신 기억이 남아 있다.

속으로 차라리 안 보고 살고 싶다는 생각을 할 정도였다. 회사에서 5분도 안 되는 곳에 주택을 얻었고 월세로 30만 원을 내며 지냈는데 시어머니께서도 많이 섭섭하셨는지 이사할 때 제대로 내다보지도 않으셨고 분가를 한 뒤 두세 달까지는 전화 연락도 없으셨다. 나도 당시에는 섭섭해서 전화를 드리지 않았다. 시어머니는 분가하는 우리에게 단돈 10원도 도와주지 않으셨다. 처음부터 도움을 받지 않고 알아서 살기로 마음을 먹었던 터라 오히려 분가를 하는 것이 더 홀가분했다.

예전 집에서는 회사에서 집까지 가는 데 40분 정도 걸렸었는데 이젠 퇴근하면 5분 이내에 집에 도착할 수 있다. 아침에 조금이나마 느긋하게 준비를 할 수 있고 휴일에 늦잠도 잘 수 있다. 어른들 눈치 안 보고 편하게 음식을 시켜먹을 수도 있고 편하게 지낼 수도 있다. 우리가 분가를 할 때 인연을 끊고 살자고 미운 말을 쏟아낸 시어머니는 뵙고 싶지 않았는데 어렵게 전화를 안 드려도 되니 차라리 마음이 편했다.

남편도 당신의 어머니께서 미운 행동을 하셔서 실망을 하였던지 오히려 나에게 미안해하며 더 잘해 주는 것이 아닌가. 그제야 제대로 된 신혼이 시작된 것으로 기억한다. 우리가 분가를 하고 나서야 친정 엄마께서는 우리가 이사를 온 집으로 오실 수 있었다.

시댁 본가에 살 때 매일 퇴근 후 아기를 데리고 와서 씻기고 아기 옷가지를 빨고 반찬 준비를 할 때면 친정 엄마 생각이 그렇게 많이 났었다. 퇴근길 버스에서 졸며 피곤에 지친 몸으로 집으로 오면 아기를 데리고 오면 해야 할 일들이 너무 많았다. 나는 아기 한 명을 씻기고 챙기는 게 이렇게 힘든데 우리 오 남매를 챙겨야 했던 우리 엄마는 얼마나 힘들었을까 생각이 들었다. 그러면서도 아이가 자는 모습을 지켜보면 니무 에쁘고 행복했다. 아기를 보면 좋지만 힘들 때면 그냥 엄마 집에 가고 싶고 엄마를 보고 싶다는 생각이 들어 가끔 혼자 울기도 했다. 우리 엄마는 내가 힘들지 않게 다 해 주는데….

분가를 한 집에서는 아기를 돌봐 줄 사람이 없어 20개월 된 아이를 어린이집에 보내기로 했다. 어린이집 차량이 아침 7시 40분에 첫 번째로 우리 집에 들러 아이를 태우고 갔다. 아침마다 잠에서 깨어나지 못한 아이를 눕힌 채 양말을 신기고 바지를 입히고 윗옷을 챙겨 입혔다. 잠이 덜 깬 아이는 아침부터 어린이집에 있다 보니 저녁이면 파김치가 되어 집에 오자마자 곯아 떨어졌다. 얼른 저녁을 먹여 재우려고 어린이집 차가 도착하기 전에 집에 가서 애가 먹을 저녁을 준비하고 어린이집 차에서 내리자마자 얼른 옷을 벗기고 씻겨서 저녁을 먹이는 시간은 30분이 넘지 않게 서둘렀다.

그것도 하루 이틀이지, 어린이집 생활을 하면서 애는 감기도 잃게 되고 피곤해서 짜증을 내기도 했다. 아프고 난 뒤나 주말을 보내고 월요일 출근을 할 때면 유독 엄마와 안 떨어지려고 칭얼대기도 하고 괜찮다가도 열이 나고 콧물이 나기도 했다. 그런 아이를 보면 마음이 아팠다.

회사를 그만둬야겠다고 마음을 먹고 친정 엄마에게 전화를 걸었다.

"엄마~ 나 이제 회사 그만 다녀야 할까봐…."

"왜 무슨 일 있나?"

"애도 자꾸 아프고… 나고 힘들고… 혼자 애 보내고 회사 다니기 너무 힘들어서…"

"명숙아~ 힘들어도 조금만 더 참고 회사 계속 댕겨라."

"엄마는 맨날 나보고 회사만 다니라고 그래? 다른 엄마들은 딸내미 힘들다고 회사도 그만두라고 하는데 어떻게 엄마는 맨날 나보고 돈 벌라고 하냐고!"

힘들어서 엄마에게 위로를 받고 싶고 애가 자꾸 아프니깐 안쓰러워 힘들어서 회사를 그만두겠다고 엄마에게 상의 전화를 했는데 엄마는 자꾸 회사를 다니라고 했다. 그래서 전화기에 대고 울면서 엄마에게 화를 냈다. 어째서 자꾸 회사를 다니라고 하냐고….

전화기 너머에 있는 엄마도 울며 힘들어 하는 딸을 달래기도 하고 회사를 그만두지 말라고 나를 설득했다. 그럴수록 나는 더 울며 목소리를 높여 당장 그만둔다고 엄마에게 화를 내었다.

"명숙아~ 나도 네가 귀하고 안쓰럽고 하다. 그런데 지금 애가 아파서 네가 마음 아픈 것보다 나중에 학교 보낼 때 돈이 없어서 내 자식에게 뭔가를 못해 줄 때 사실은 더 마음이 아프다. 나도 내 딸이 지금 그렇게 고생하고 힘든 게 마음 아픈데 나중에 돈이 없어서 못해 줄 때 마음이 더 아프다는 것을 아니까 지금 아픈 거 참고 다니라는 거다."

엄마도 울음을 삭히며 나를 설득하며 훌쩍였고, 나는 엄마에게 엄마는 왜 다른 엄마들처럼 나를 편하게 안 해 주냐고 대들듯이 울면서 목소리를 높였다. 한 번도 엄마는 우리에게 잘못된 것을 권하지 않았고 맞는 이야기만 해 주셨기 때문에 엄마에게 화를 내며 달려들듯이 이야기는 했지만 왠지 엄마의 말이 맞는 것 같았고 엄마가 무슨 말씀을 하시려는지 마음을 읽을 수가 있었다.

그렇게 한바탕 난리를 치고도 그만두지 못하고 계속 회사를 다녔다. 며칠 감기로 콧물을 흘리던 아기도 감기가 떨어졌고 한 번 아프고 나니 또 조금 자란 듯 전보다는 수월하게 등원 준비를 할 수 있었다.

엄마는 시골에서 우리 오 남매를 키울 때 돈이 없어서 자식들에게 뭔가를 해 줘야 하는데 못할 때 그렇게 속이 상하고 가슴이 아팠다고 한다. 엄마가 일하면서 몸이 힘들 때보다 자식들에게 금전적으로 못 해 줬을 때가 부모로서 우리에게 너무 미안했다며 엄마가 된 내가 나중에 그런 상황을 겪지 않았으면 한다고 했다. 전화기를 사이에 두고 그렇게 엄마와 딸이 서로 목소리를 높이게 된 것이다.

엄마가 그때 나에게 무슨 말씀을 하시려고 했는지 아이들을 키우면서 이해를 하고 알 수 있었다. 그때 엄마가 나를 말려준 것이 고맙게 느껴졌다. 아이들에게 뭔가를 해 줄 때 돈이 없어서 못 해 주는 경험을 해 본 적이 없기 때문이다. 그 뒤로도 나는 12년이나 더 회사를 다녔다. 그 당시 조금 힘들었지만 다니다 보니 엄마가 왜 그렇게 나를 설득하고 계속 회사를 다니라고 했는지 조금씩 알게 되었다. 엄마가 되어 보니 엄마가 더 그립고, 힘들어하는 딸에게 회사를 더 다니라고 설득한 엄마의 마음을 알게 되었다.

친정엄마는 참으로 현명하신 것 같다. 어쩌면 먼저 살아본 엄마로서 삶의 지혜를 매순간 딸에게 알려 주시려고 했던 것 같다.

아버지를 먼저 보내고

아침에 일어나니 하늘이 어둑한 것이 비가 오는 것 같았다. 지난겨울에 단열을 하기 위해 거실과 베란다 유리문에 뽁뽁이를 붙여 놓아서 날씨가 맑은지 비가 오는지 보려면 창문을 열어야 한다. 역시나 비가 오고 있었다. 비가 오는 날이면 창문틀 먼지를 닦아내는 청소를 하기에 수월하다고 친정엄마가 가르쳐 주셨다. 아버지께서 돌아가시고 엄마 혼자 시골집에 계시는 것이 걱정이 되어 한동안 대구에서 함께 지냈는데 그때 청소하는 것을 알려 주셨다.

둘째를 임신하고 주말에 쉬는 어느 날, 다급한 목소리로 엄마에게 전화가 왔다. 친정아버지께서 숨을 못 쉬셔서 병원 응급실에 입원을 했다는 것이다. 울먹이며 다급한 엄마의 목소리를 들으니 심상치 않다는 느낌이 들었고 남편과 나는 급히 포항에 있는 선린병원으로 달려갔다.

병원에 도착하자마자 급하게 안내 데스크를 찾아서 병실을 물어보니 응급실에서 응급조치 중이라고 했다. 이게 웬일이란 말인가. 지난주에 친정에 갔을 때도 아버지를 뵙고 왔는데 특별히 더 편찮으시다는 것은 못 느꼈었다. 그런데 갑자기 호흡을 못 하신다니…. 응급실을 찾아 입구에 들어서니 대기 의자에 엄마 혼자 앉아 있었다. 엄마는 우리를 보자 또 눈물을 보이며 엉엉 울기만 했다. 혼자서 얼마나 많이 울었는지 눈도 충혈되고 코끝도 빨갛고 눈이 쑥 들어가 보였다.

급하게 전화를 받고 온 우리 부부는 뭐라고 상황을 들을 겨를도 없이 엄마를 달래기에 바빴다. 중환자실에서 담당 의사 선생님과 뒤를 따르는 의료진들이 왔다 갔다 하고 있었다. 엄마의 말씀으로는 아버지는 평소 같이 안방에 누워 계시다가 거실로 나오셔서는 숨이 차서 숨을 쉴 수가 없다고 말씀 하셨고, 놀라신 엄마는 택시를 불러 영덕에 있는 아산재단종합병원에 갔다고 한다. 근데 거기서 포항에 있는 큰 병원으로 가보라고 하여 응급차를 타고 포항에 있는 병원에까지 오게 되었다는 것이다.

호흡이 되지 않아서 산소기를 달고 있었으며 원인을 찾기 위해 여러 가지 검사를 하느라 간호사들이 왔다 갔다 했다. 그때까지만 해도 아버지께서는 우리를 알아보시고 왔냐고 인사도 하실 정도였다. 그 모습을 보니 얼굴이 살짝 퉁퉁 부어 있었고 링거와 산소 호흡기를 달고 있었지만 곧 괜찮아지실 거라고 생각이 들었다. 놀란 가슴을 쓸어내리고 아버지께서 술을 많이 드셔서 그런가 보다 생각을 하며 병원에서 좀 기다렸다. 호흡이 힘들다고 하시니 무엇 때문에 그런지 담당 의사 선생님께 이야기를 들어보려고 했다.

그런데 응급실은 아픈 환자들로 정신이 없었고 임신하여 배부른 몸으로 계속 병원에 있기도 그렇다며 엄마는 우리 보고 대구로 가라고 하셨다. 담당 의사 선생님과 면담을 하고자 간호사를 찾아서 물어봐도 수술 중이시라며 언제 마칠지 기약 없이 기다리라고만 했다. 더 오래 있지 못할 것 같아서 아버지가 누워 계시는 침대 쪽으로 갔는데 점점 얼굴이 퉁퉁 부어오르는 것 같았다.

환자복을 입고 누워계시는데 다리는 앙상하게 마르셨고 발뒤꿈치와 새끼발가락 옆에는 굳은살이 겹겹이 붙어 마치 거북등과 같이 갈

라져 있었다. 발가락 사이엔 땀과 먼지가 범벅이 되어 발 고린내가 나는 듯 했다. 갈라진 발뒤꿈치의 굳은살을 보니 마음이 아팠다. 발가락 사이에 땀이 쌓여 때가 끼어 있는 것을 씻지도 못하고 그렇게 오셨다고 생각하니 내가 숨이 가빠오고 눈물이 났다.

그때 그 병원에서 그대로 있을 것이 아니라 대구에 있는 병원으로 옮겨서 진료를 받았어야 했는데… 아버지가 가시고 나서 후회가 많이 되었다. 병원에 입원하여 검사를 하고 응급처치를 받은 이후 점점 얼굴이 부어올랐다. 처음에 병원에 입원했을 때는 병원 침대에 앉아 계셨는데 저녁 무렵엔 퉁퉁 부은 얼굴로 눈을 감고 누워 계셨다. 그때는 아직 우리가 어려서 뭔가를 잘 몰랐던 것 같다.

병원에 도착했으니 괜찮아질 것이라며 다음 날 회사에 출근도 해야 하니 엄마는 나와 남편을 대구로 가라고 하셨다. 그렇게 엄마를 병원에 남겨두고 우린 대구로 오게 되었다. 놀란 가슴을 쓸어내리고 토요일 저녁을 대구 집에 와서 보내고 일요일도 걱정을 하며 엄마와 통화를 하고 아버지 안부를 여쭤봤다. 그렇게 일요일 저녁을 보내고 있는데 갑작스럽게 엄마에게서 전화가 또 왔다.

더 다급한 목소리로

"명숙아, 너희 아버지 위독하단다. 빨리 오너라!"

엄마는 울면서 전화를 걸었다. 어제 올 때까지만 해도 괜찮았는데 왜 위독해지신 건지 의아해하며 또 포항병원으로 쫓아가니 아버지가 이제는 중환자실로 옮겨져 있었다. 복도에 들어서자 흐느끼는 엄마와 마을에서 병문안을 오신 동네 어른들이 보였다. 엄마를 보는 순간 그 어떤 말보다 눈물이 먼저 나왔다.

'아버지는 어디 계시는 거지?' 엄마는 울면서 혼잣말로 그동안의 상황을 설명했다.

"내가 수건으로 너희 아비지 손이나 발을 다 닦아주고 아무 것도 못 먹는 것 같아서 슈퍼에서 요구르트를 하나 사 와서 그것을 먹였는데… 그것을 잘도 맛있게 받아먹었는데… 그러고는 누워서 눈을 안 뜬다."

"병원에서 뭘 어떻게 했는지 주사를 놓더니 저렇게 누워만 있다."

"한쪽 폐가 새까맣단다."

아버지는 평소에 담배를 많이 피우셨는데 병원에 입원을 한 이후로 담배를 못 피워서 금단 현상이 있으셨던 것 같다. 시골의 여느 아버지들이 그렇듯이 담배를 피울 수 없으니 간호사들에게 짜증을 부리며 욕설을 했을 것이라 생각한다.

'병원에서 혹시나 그런 아버지에게 진정제를 주사했나? 그게 잘 안 맞아서 저렇게 얼굴이 퉁퉁 붓고 눈을 뜨지 못한 건가?' 어떤 이유로 저렇게 되었는지 아무도 설명하지 못했다.

지금 생각하면 우리가 어리고 제대로 알지 못해 병원 진료 차트를 찾아보지 못한 것이었다. 시간이 지나고 나서는 내내 마음에 걸렸다. 뭔가 진료 차트에 적혀져 있었을 텐데 경황이 없어서 알아보지 못했다. 진료 차트를 입수해서 경위를 밝혀냈어야 했다는 아쉬움이 많이 남았다. 숨이 차다며 병원에 온 지 삼사일 만에 아버지께서는 일어나지 못하고 계셨다. 엄마는 예전에 철학관에서 들은 이야기도 혼잣말로 하시곤 했다.

"너희 아버지는 명이 길다고 했는데 이렇게 빨리 갈 리가 없는데… 병원에서 뭔 짓을 했는지 모른다"며

"어떻게 내 발로 병원에 들어와서 저렇게 되냐"고 휴지로 코를 훔치

며 이야기하신다.

중환자실에 면회 시간이 되어 들어가서 침대에 누워 계시는 아버지를 보았다. 엄마 말대로 뭔 짓을 했는지 붕대 같이 보이는 것으로 아버지 팔이 침대 철봉에 묶여 있었고 묶인 채로 얼굴이 퉁퉁 부어 알아볼 수 없는 상태로 산소 호흡기를 낀 채 눈을 감고 계셨다. '무슨 일이 있었던 거지? 아버지께서는 왜 이렇게 부어 있는 거고, 침대에 묶여 있는 거지?' 그때 짐작했다. 일어나시지 못하실 것 같다는 것을. 다른 말을 할 수가 없었다. 아버지께서 못 일어나실 것 같아서 엉엉 울기만 하며 앙상한 아버지 다리만 주무르며 침대 끝자락에서 울고만 있었다. 발뒤꿈치에 굳은살이 갈라져 있던 아버지 발을 다시 보고 싶어서 이불을 걷어 보니 꼬질꼬질하던 발가락 사이가 뽀얗게 되어 있었다. 아무 말을 할 수가 없었다.

"아버지요… 아버지요… 명숙이 왔어요… 눈 떠보세요…. 아버지요…."

"집에 가셔야지요…."

짧은 면회 시간에 가족들이 돌아가며 누워 계시는 아버지 얼굴이라도 봐야 했기에 얼른 나올 수밖에 없었다. 밖에는 마을에서 오신 동네 어른들도 기다리고 계셨다. 저녁 면회를 마치고 나온 동네 어른들은 엄마에게 마음의 준비를 하라고 하셨고 풍수를 하시는 분들은 벌써 누군가 알아보느라 전화를 걸기도 하였다. 응급실 한편에 보호자들을 위해 준비된 방에서 하루를 보낸 다음 날, 담당 의사 선생님께서는 가망이 없다고 하셨다. 마지막 임종을 병원에서 맞이할 것인지 댁으로 모실 것인지 어른들이 상의를 하셨다. 객지에서 임종을 할 수가 없다며 집으로 모시기로 하고 구급차에 산소 호흡기를 단

채 침대에 누운 아버지와 엄마는 함께 집으로 이동을 하고 우리도 승용차로 친정집으로 향했다.

포항 병원에서 대진 집으로 가는 구급차에서 들리는 사이렌 소리에 어찌나 눈물이 나던지. 임산부라는 것도 잊어버리고 아버지를 보내야 한다는 슬픔에 눈물이 멈추지 않았다. '이렇게 가실 줄 알았더라면 지난주에 집에 와서 아버지 뵐 때 용돈이라도 드리고 올 걸, 이렇게 가실 줄 알았더라면 처음에 병원에 왔다가 대구 집으로 가지 말고 엄마 옆에서 계속 같이 있을 걸, 병원에서 어떻게 처방을 했는지 자세히 알아볼 걸, 대구에 큰 병원으로 모시고 가서 진료를 받아볼 걸…' 온갖 생각이 들었다. 친정집 마당에서 어른들 여럿이서 아버지를 이불에 싸서 안방으로 모셨다. 자식들이 다 방으로 들어오고 고개를 숙여 흐느끼고 있을 때 동네 어른 중 한 분께서 아버지를 보내드리는 인사를 했다. 몇 년 몇 월 며칠 몇 시에 대진3리 몇 번지에서 몇 년생 누가 세상을 떴다고 이야기하셨다.

그 말이 떨어지고 우리 가족은 통곡을 했다. 엄마는 방바닥에 퍼질러 앉아 천으로 덮어 놓은 아버지를 끌어안으며 엉엉 소리 내며 울었다.

아무 것도 안하시고 안방에 누워만 계셨던 아버지인데도, 그 존재만으로도 엄마에게는 큰 힘이었던가 보다. 아버지가 그렇게 가시고 나서 엄마는 아무것도 하시지 않고 늘어져 누워 계셨다.

식사도 하지 않으셨고 밖으로 나가지도 않으셨다. 정말 아무것도 안 하셨다. 이러다가 엄마까지 돌아가시는 건 아닌가 싶을 정도로 말이다. 아버지가 4월 초에 돌아가셨고, 5월 초에 우리 부부는 분양을 받아 놓았던 아파트에 입주를 했다. 집에만 계시는 엄마가 걱정이 되어 대구 우리 집으로 오시라고 했다.

자식들 중에는 내가 처음으로 새 아파트를 분양을 받아 입주를 한 거라서 모시고 싶었고, 아버지가 돌아가시고 안 계신 집에 혼자 계시게 하는 것도 마음에 걸렸다. 엄마를 대구로 불러 오시기 위해 큰 아이를 좀 봐 달라고 핑계를 댔다.

한 달가량을 우리 집에 보내면서 엄마도 마음을 좀 정리를 하신 듯 했다. 아파트 베란다 청소를 하시며 물끄러미 창밖을 멍하니 한참을 쳐다 보다 눈물을 훔치기도 하셨고, 혼자 꺼이꺼이 울음을 삼키시기도 했다. 그렇게 아버지가 돌아가신 것을 받아들이고 계셨다. 그렇게 당당하고 두려울 것이 없던 엄마였는데, 아버지를 먼저 보내고 나서는 부쩍 작아지셨고 나서는 것을 조심스러워 했다.

엄마와 아버지는 그렇게 다정하지 않은 부부였는데도 지금까지 엄마는 아버지 이야기를 하신다. 너희 아버지는 어떤 반찬을 좋아 했고, 너희 아버지가 젊을 때는 어땠고… 아버지가 살아계실 때 이야기를 많이 하신다. 아버지가 돌아가시고 나서 엄마는 자식들을 바르게 잘 키워야 한다는 생각이 드셨는지 행동이 더 조심스러워지셨다. 아버지와 싸웠던 이야기보다 좋았던 이야기를 더 많이 하신다.

가끔은 자식들보다 부부가 더 의지가 된다며 남편에게 잘하라고 당부하시기도 했다. 혼자 시골집에 계시면 외롭다며 먼저 가신 아버지 생각을 더 많이 하시는 것 같다. 아버지가 돌아가신지 15년의 시간이 지난 지금도 엊그제까지 함께 계신 것처럼 아버지 이야기를 들을 때마다 아버지를 많이 그리워하는 엄마가 안쓰럽기도 하다. 아기가 엄마를 그리워 하는 듯한 느낌이다.

나는 남편에게 어떤 그리움을 남기고 있는 것일까? 남편은 나에게 어떤 좋은 기억을 남겼을까? 엄마를 보며 나를 돌아보게 된다.

남편의 그늘이 얼마나 큰지 엄마를 보면서 알게 된다. 자식들이 다섯이나 되어도 '품 안의 자식'이란 말이 맞다. 어느 순간 자식들은 각자의 가정을 이루고, 남는 것은 부부밖에 없다. 엄마는 늘 나에게 말씀하신다. 가정에 남편이 바로 서야 모든 일이 잘된다며… 그 말씀을 따라 애들 아빠를 챙긴다.

시골 동네에서 부녀회장 활동을 하시며 그렇게 활동적이던 엄마가 아버지를 먼저 보내고는 바깥 활동을 하지 않으시려고 한다.

아버지의 그늘 없이 땡볕에 혼자 서 있기 힘드신가 보다…

가지 많은 나무

내가 엄마가 되어 보니 아이들이 그렇게 예쁠 수가 없다. 아이들이 어릴 때 따뜻한 봄날에 산책을 가면 아이 둘이 손잡고 공원길을 걷는 모습이 정말 예뻤다. 큰아이는 그래도 형이라고 유모차에서 내린 동생의 고사리 같은 손을 잡고 걸어가며 돌봐 줬다. 그 모습이 아련히 기억난다. 아이들끼리 잘 지내는 모습을 지켜보는 엄마의 마음은 마냥 행복해진다.

아이들이 어릴 때는 방바닥에 이불을 깔고 네 식구가 함께 잠을 잤었는데, 아침에 아이들끼리 엉켜서 자고 있는 모습조차 예뻤던 기억이 난다. 애들이 아프거나 학교 다니는 걸 챙기느라 힘들어하면 주위에 어른들께서는 '그럴 때가 좋을 때다'라고 말씀하셨다. 맞는 말인 것 같다. 지금 어느 정도 키워 놓고 보니 어릴 때 애들이랑 산책 다닐 때가 가끔 생각나고 다른 아이들을 보면 '우리 애들도 저런 때가 있었지' 생각하게 된다.

내가 어릴 때 친정집에는 쟁반처럼 생긴 둥근 밥상에 둘러앉아서 밥을 먹었다. 엄마가 차려주신 밥이 정말 맛있었던 기억이 난다. 반찬이 많았던 것도 아니고 특별한 반찬도 없었지만 우리 형제들은 꿀맛으로 생각하고 먹었던 것 같다. 바닷가에서 나는 갈색의 '고르매'라는 것을 넣고 된장, 고추장을 풀었을 뿐인데 그렇게 맛있었다. 거기에다가 '장질바'라는 생선 말린 것을 같이 찌면 소고기를 넣은 것보다 훨씬 맛있는 찌개가 되었다.

그때도 엄마는 원탁으로 된 밥상에 형제들이 앉아서 밥을 먹고 있는 모습을 보며 흐뭇해하셨다. 예쁘다고 "얼러먹어라. 얼러먹어라" 쫄망쫄망 수저에 밥을 떠서 먹으면 엄마는 드시지 않고 생선이나 찌개에 있는 무를 우리 수저 위에 올려주셨다.

우리가 어릴 때 엄마와 아버지는 부지런히 뭔가 일을 하셨고 아버지가 배를 타서 잡아온 생선들로 밥때가 되면 금방 찌개를 맛나게 만들어 같이 먹었던 기억이 난다. 예전엔 정부미 쌀을 한 포대씩 받아먹었다. 쌀을 한 포대 사서 며칠만 먹어도 쌀통이 비어 있었다고 한다. 그러면서도 자식들 입으로 음식 들어가는 것을 보면 흐뭇했던 엄마는 열심히 일을 했다.

나도 아이들이 서툴지만 숟가락을 잡고 밥을 먹을 때 그렇게 예쁠 수가 없었다. 아침에 일어났을 때 잠자는 모습을 내려다보면 그렇게 예쁠 수가 없었다. 내가 아이들을 키우며 귀하다 여겨지고 예쁘다는 생각이 들 때 엄마 생각이 많이 났었다. '내 부모님도 나를 이렇게 예뻐하며 키우셨겠지…' 그때마다 내가 이렇게 사랑받고 자랐을 텐데 엄마에게 잘해 드리지 못한 것에 죄송스럽다는 생각을 많이 하게 되었다.

내가 내 새끼들이 예뻐서 안아 주고 싶고 뽀뽀해 주고 싶고 좋은 것들을 해 주고 싶을 때면 엄마 생각이 많이 났다. 엄마에게 정말 감사해야 하는구나. 나 혼자서 큰 것 같지만 아니었다. 이런 생각이 들 때면 엄마 목소리가 듣고 싶어져서 전화를 드리곤 한다. 그냥 엄마의 목소리를 듣기만 해도 좋고 힘이 생긴다.

엄마는 애들을 일단 키워 놓기만 하면 끝인 줄 알았는데 그렇지 않았다고 하셨다. 차라리 어릴 때 애들 먹여 살린다고 정신없이 일하던 때가 더 마음 편했다고 하신다. 어릴 때는 배고프지 않게 밥만 챙겨주면 되고 학교에 가 있는 시간만큼은 학교에 있으니 크게 걱정할 것이 없었는데, 자식들이 장성하게 되고 직장을 얻고 나면 문득 문득 회사 생활은 잘하고 있는지 걱정이 된단다. 새벽같이 일어나서 직장생활 한다고 출근하는 게 힘들지 않은지, 직장상사에게 혼이 나지는 않는지, 금융기관에서 일하려면 서류 정리를 잘 해야 하는데 그런 건 잘 하고 있는지 오만 걱정이 생긴다고 한다. 아마도 어릴 때는 아이들을 직접 볼 수가 있으니 표정만 봐도 무슨 일이 있는지 알 수 있지만, 아이들이 눈앞에 보이지 않으니 더 걱정이 되시는 모양이었다.

지금까지 살면서 부모님을 크게 실망시키거나 걱정을 끼치지 않고 살아왔다. 보통 딸을 가진 부모님들은 사위 때문에 속상하고 결혼 준비할 때 속상하고 자식을 못 놓아도 걱정이 되고 손주를 보더라도 아들을 못 낳으면 걱정하고 집 장만을 못하면 걱정이 되고 살림살이가 어려우면 걱정을 하신다고 한다. 하지만 나는 조금이라도 엄마가 신경 쓰기 전에 알아서 뭐든 해내려고 노력했다. 왜냐하면 내가 첫 직장을 얻었을 때 부모님께 크게 걱정을 끼친 적이 있었기 때문이다. 그 때 다짐했다. 앞으로 살면서 부모님께 좋은 소식만 들려드리겠다고.

그때 이야기를 하자면 이렇다. 대한교육보험에 입사를 해서 입사한 지 한 달이 채 되기 전 수습사원 신분으로 영해에 있는 영업소에 근무를 하게 되었는데, 당시 그 사무실에는 영업소장이 없어서 나 혼자 근무를 했다. 그런데 사무실에 도둑이 들어서 금고를 털린 것이다. 그 도둑은 금고를 털기 위해 치밀하게 계획을 세운 모양이었다. 사전에 우리 사무실에 돈이 있다는 사전 지식을 얻었고 사무실 위치나 금고 위치까지 확인해서 동선을 계획했다는 걸 알게 됐다. 같은 날 포항 인근 흥해 영업소에서 대졸 남자 사원도 나와 똑같은 수법으로 그 도둑에게 당했다. 나는 신고를 했는데 그 남자 사원은 영업국에 신고를 하지 않은 채 본인이 해결하려고 한 모양이었다. 그게 뒤늦게 밝혀졌다.

7번 국도를 따라 흥해, 영해, 후보, 울진 지역에 사무실이 있었는데, 도둑들은 사무실에는 수습사원들만 있다는 것을 알고 흥해에서 일을 치른 뒤 영해에도 들러서 일을 벌인 것이다. 순식간에 사람을 유인해 2단 캐비닛 안에 넣어둔 사각으로 된 수제 금고를 들고 도망을 갔다. 불길한 예감에 캐비닛을 열어 보니 금고가 없었다. 포항 영업국에 바로 도난 보고를 하면서 금고 안에 대출상환을 받아둔 100만 원짜리 수표 5장과 현금 1~2백만 원이 있었다고 알렸다. 그리고 나서 빠르게 우체국에 전화를 걸어 수표 도난 신고를 했다. 짧은 시간에 영화 같은 일을 겪었다. 다행히 수표 번호를 대출 상환한 영수증에 적어 놓은 것으로 도난신고를 했고 공탁을 걸어 뒀기 때문에 돈은 몇 개월 뒤에 돌려받을 수 있었다.

그때 부모님께서 정말 많이 놀라셨다 내가 다치지 않은 것은 감사한 일이지만 1992년 당시에 700만 원이라는 돈은 정말 큰돈이었다. 수표에 공탁을 걸 때 예치금이 있어야 했는데 부모님은 그 돈 조차 없었다. 다행히 그 당시 영업과장님께서 수습해 주셨다. 딸이 직장에 취직해서 좋아했는데 사무실에 도둑이 들다니. 놀란 부모님은 오토바이를 타고 영해에 올라오셨고, 급하게 우체국을 쫓아다니며 도난신고를 마친 내가 사무실에 들어왔을 때는 부모님이 계셨다. 잃어버린 돈을 어떻게 대체해야 할지 걱정스러운 마음에 엄마와 나는 그날 자취방에서 얼마나 울었는지 모른다. 무섭고 갑작스럽게 겪은 큰일이라 부모님과 나는 누구에게도 말하지 않고 쉬쉬했다. 혹여나 그 도둑이 다시 와서 해코지를 할까 걱정도 됐고 큰돈을 잃어버린 것에 대한 걱정이 컸다. 그때 부모님께 걱정을 끼쳐드린 것이 지금 생각해도 죄송스럽다.

그때 부모님께 걱정을 끼쳐드렸으니 앞으로는 웃을 일을 많이 만들어 드려야겠다는 생각이 들었다. 내가 잘못한 것이 아니라 그냥 그 일이 나에게 일어났을 뿐이라고 생각하고 누구의 탓도 하지 않았다. 그저 앞으로 내가 어떻게 해야 할지를 고민했다. 더 이상 부모님께 걱정을 끼치지 말아야지 생각했다

자식이 여럿이다 보니 엄마는 더 많은 걱정을 하시는 것 같다. 부모가 되어 보지 않은 이상 아무도 모른다. 모든 자식이 똑같지 않고 어느 누구나 귀하고 예쁘지 않은 자식이 없기에 엄마는 더 많이 마음 아파하고 더 자주 걱정하셨을 것이다. 그래도 엄마는 나를 달래며 놀란 가슴을 가라앉히도록 다독거려 주었고, 큰일을 겪었지만 회사생활을 바르게 잘 하라고 말씀하셨다. 엄마가 나를 믿어 주고 응원해 주셔서 나는 큰일들을 해낼 수 있었다. 공채 사원으로 입사를 하여 여성 지점장으로 일할 때까지 엄마의 응원이 나에게는 큰 힘이 되었다.

얼마 전까지 대우조선해양에서 근무하던 남동생이 퇴직을 하고 자기 사업을 시작하게 되었는데 엄마는 동생 걱정에 부쩍 늙으셨다. 동생은 총명한 아이였다. 거제대학교를 졸업하고 대우조선해양에 입사했을 때 엄마가 얼마나 좋아했는지 모른다. 그렇게 들어간 회사인데

왜 그만두려 하는지 엄마는 이해하지 못했고 밤잠을 못 자고 남동생을 걱정하셨다.

직장에서의 비전과 미래의 모습을 나름 오랫동안 고민을 해 본 결과 지금 하고 싶은 일을 찾아서 시작하는 것이 좋겠다는 것이 남동생의 생각이었다. 회사를 퇴직하고 동생은 내가 생각했던 이상으로 잘 해내고 있지만 엄마는 늘 걱정이다.

몸도 약한 아들이 밤잠 못자고 작업을 할 것을 생각하니 마음이 많이 아프신 모양이었다. 엄마에게는 모든 자식이 소중하다. 조금이라도 평소와 다르거나 무슨 일이 생기면 자식들 걱정에 밤을 새우신다. 자식은 항상 엄마의 마음속에 들어 있기 때문이 아닐까. 더 예쁘고 귀할수록 엄마의 가슴에서 엄마의 마음을 흔드는 것이다.

지금 이 순간에도 엄마 목소리를 듣고 싶지만 참을까 한다. 자주 전화를 하면 무슨 일 있는 건 아닌지 걱정하시는 엄마를 알기 때문이다. 많은 가지들 중 나의 가지가 가장 튼실하게 뻗어 꽃도 잘 피우고 열매도 잘 맺었으면 한다. 나무가 든든하게 생각하는 가지로 자라고 싶다. 나무가 가장 믿고 기대는 가지가 되고 싶다.

엄마의 앨범

결혼을 하고 시댁 아래층에 신혼살림을 차려서 살 때였다. 평일에는 직장생활을 하느라 바쁘고 주말에도 시댁 식구들과 같이 시간을 보내느라 쉴 시간이 없었다. 며느리를 보신 시어머니께서는 주방 살림을 나에게 점점 맡기셨다. 낯선 주방에서 저녁 준비를 하는 것이 그렇게 싫었다. 쉬는 날에는 나도 자유롭게 쉬고 싶은데 시댁 어른들과 한 집에 살다 보니 그것도 자유롭지 못했다.

신혼 초 시재를 제로에서 시작했던 터라 매월 월급을 받아도 처음 6~7개월까지는 돈이 모이지 않았다. 매달 월급을 받으면 살림을 하나씩 마련했는데 그러고 나면 돈이 없었다.

우리가 결혼을 하고 6개월 뒤에 시동생이 결혼을 했었는데 시동생이 결혼한 뒤로 인천에 살림을 차려서 살다 보니 집에 자주 오지 않았다. 그래서 맏이인 우리 부부가 어른들을 모셔야 했다.

딱히 어른들을 돌봐 드릴 일은 없었지만 새댁인 며느리 입장에서는 여간 불편한 것이 아니었다. 가끔 주말에 온가족이 식사를 하고 아랫집으로 내려오면 괜히 친정 부모님이 생각이 나곤 했다. 엄마는 내가 피곤할까 봐 주방 일을 못 하게 하는데 시어머니는 달랐다. 점점 주방 일을 며느리가 하도록 넘기시는 것도 부담이 되었다. 그럴 때면 엄마가 보고 싶었다. 가끔은 침대에 걸터앉아 혼자 울기도 했다. 남편이 눈치 없이 TV를 보고 있을 때 혼자서 엄마 생각에 훌쩍거리기도 했다.

지금까지는 마냥 엄마에게 받기만 했었는데 며느리가 된 후에는 주방에서 식사를 차려야 했고 식사 후 뒷정리를 해야 했다. 시어머니께서 옥상에 있는 텃밭에 있는 상추를 준비할 때 며느리이기 때문에 옆에서 바구니를 들고 기다려야 했다. 친정집에서는 피곤하다며 오후 내내 방바닥에 누워 낮잠을 자거나 TV를 볼 수도 있었지만 이젠 그럴 수 없다 보니 더 엄마가 그리운 것이었다.

첫아이를 낳을 때 분만실에서 진통이 심하게 올 때 나를 이렇게 낳으셨을 걸 생각하니 엄마가 얼마나 보고 싶던지. 밖에서 들리는 엄마 목소리에 나도 모르게 눈물을 흘리게 되었다. 사실은 시어머니께서도 그렇게 남편을 낳으셨을 텐데 그 생각은 하지 못하고 친정엄마 생각이 많이 났다. 나를 낳아주신 우리 엄마가 보고 싶었던 것이다.

'3P바인더'를 배우는 코치과정에는 서브바인더를 만들며 지금까지 자기가 살아온 인생의 기록들을 정리하는 기회가 있다. 기록 관리와 정리를 하면서 깨달은 것은 직장생활을 22년 7월을 했어도 경력에 맞게 정리된 바인더와 기록들이 없었다.

그런 기록들은 대부분 이사를 하거나 승진을 하면서 버렸다. 회사 생활에서 필요한 부분은 회사 PC에 저장되어 있다 보니 그동안의 나의 모든 직장생활 기록은 퇴직하면서 더 볼 수가 없게 되어 버린 것이 참 아쉬움이 남는다.

가정에서도 마찬가지였다. 아이들이 처음으로 엄마에게 그림을 그려줬던 스케치북, 색종이에 그림을 그려서 줬던 편지들은 책꽂이에 꽂아 뒀다가 많아지면 책장 정리 과정에서 버려지곤 했다. 아이들 학년이 올라갈 때마다 많은 자료들을 받았지만 그것들도 어느 순간 하나씩 버리게 되었다. 바인더를 하면서 비로소 그런 것들을 정리하기 시작했다.

이런 정리가 필요한 이유는 과거 없이는 오늘의 내가 있을 수 없기 때문이다. 많은 사람들은 과거를 접어두고 미래만이 내 인생이라고 생각한다. 우리들의 인생은 오늘이 모여서 되는 것처럼, 과거의 축척만이 그 사람의 인생이다. 이에 비해 미래라는 것은 아직 아무것도 이루어지지 않은 것이기에 과거의 것을 함부로 버리면 안 되겠다는 생각이 들었다.

내가 나중에 자식들에게 물려주고 싶은 기록들이 있다면 소중하게 보관했다가 전해줘야겠다는 생각이 들었다. 그래서 엄마의 기록들을 보고 싶었다. 신혼 때 친정 엄마가 보고 싶었을 때도 엄마와 같이 찍은 사진 같은 것들이 없어서 더 보고 싶었다. 친정집을 보수한 적이 있었는데 그때 예전에 갖고 있었던 흑백사진들을 서랍장에서 발견했는데, 그게 유일한 사진이었다.

아이들이 유치원에 다니면서 나에게 색종이로 예쁘게 접어준 카네이션 꽃이나, 비뚤비뚤 하지만 색연필을 눌러서 적은 엽서 편지를 볼 때면 나도 모르게 미소를 머금게 되었던 기억이 있다. 바인더를 배운 뒤 친정집에 가게 되면 '엄마의 앨범'이라는 것을 만들어야겠다고 생각하였다.

스마트폰이 나온 뒤로는 수시로 사진을 찍다 보니 사진도 많고 영상 만들기도 쉬워졌다. '엄마의 앨범'을 만들면 예전에 엄마가 우리를 키우면서 받았던 학교 성적표나, 혹시나 있을까 생각되는 편지들, 엄마가 동네 어른들과 놀러 다니실 때 찍은 사진들을 찾아 바인더에 묶어주는 작업을 해야겠다고 생각을 했다. 두세 권은 아니더라도 엄마의 추억을 담을 만한 것들이 제법 있을 거라 기대를 하고 갔다.

추석 명절에 친정집에 가자마자 뒷방 책상을 넣어둔 방에서 앨범을 만들 만한 것들을 찾아봤다. 동생들이 공부하다 둔 몇 권의 책들이 있었고 예전 우리들의 사진들을 몇 장씩 꽂아둔 앨범이 있었다. 예전에는 서랍 속에 우리들이 받은 상장과 성적표가 많이 있었던 것 같은데 몇 장씩 밖에 보이질 않았다.

아이들이 받은 학교 성적표나 상장들을 가지고 바인더를 만들었는데 기분이 정말 좋았다. 초등학교 1학년 때 아이들이 어떤 상을 받았고, 초등학교 2학년 때는 어떻게 학교생활을 했는지를 모아두게 되니 그때로 돌아간 느낌을 받았다. 그래서 엄마에게도 그런 것을 만들어 주고 싶었다. 엄마의 과거가 엄마의 인생이니, 그동안 고생하시며 오 남매를 키워 오신 기록을 남겨 주고 엄마의 인생을 뒤돌아 볼 수 있게 해드리고 싶었다. 자식들을 키울 때 이런 것들이 있었구나, 뒤돌아 볼 수 있게끔 해드리고 싶었는데 남아 있는 것들이 많지가 않았다.

엄마와 아버지의 약혼식 사진이었던 것 같은데 두 분께서 바닷가 앞에서 찍은 빛바랜 사진 한 장이 보였다. 집안에 잔치가 있었는지 집안 어른들께서 이야기 나누고 있는 사진 몇 장이 있었고, 마을 어른들끼리 우리 집 거실에서 춤을 추며 놀고 계시는 사진, 마을 부녀회에서 관광을 가서 찍은 사진 몇 장이 남아있을 뿐이었다.

많은 시간이 흐르고 엄마가 세상을 떠나신 뒤에 엄마를 떠올릴 수 있는 앨범을 만들고 싶었는데 그런 기록들이 없어서 많이 속상했다. 이렇게 지내시다가 아버지처럼 세상을 떠나시면 엄마의 기록들이 하나도 없어지는 것이 아닌가. 사실 아버지 사진도 액자에 들어있는 것 한 장을 빼면 엄마와 같이 찍은 사진 몇 장이 전부였다. 그런데 엄마

사진도 이렇게 몇 장 안 되다니….

엄마의 앨범을 만들기 위해 뒷방에 있는 몇 장 안 되는 서류들을 챙겨오면서 그동안 혼자 시골집에 계신 엄마에게 너무 신경을 못 썼다는 생각이 들어 마음이 아팠다. 아버지가 돌아가시고 엄마에겐 우리 자식들이 전부였다. 자식들 모두 출가한 뒤임에도 불구하고 엄마는 자식들이 잘살고 잘되기만을 빌며 살아 오셨는데 우리는 엄마에 대해 너무 신경을 못 썼던 것이 죄송스럽고 마음이 아팠다.

엄마의 앨범을 챙기면서 다짐을 한다. 이제부터는 계절이 바뀔 때 엄마 집에 와서 함께하는 시간을 많이 가지며 엄마의 기록들을 남겨야겠다는 생각을 한다. 예전에 살고 있던 집을 새로 짓기 전에 찍어 둔 사진이 있었는데 그 한 장의 사진을 보니 그때의 기억들은 물론이고 집 입구에 묶어 두었던 큰 개 한 마리까지 생각이 나는 게 아닌가. 이렇게 또 아무것도 하지 않고 시간이 흐른 뒤 엄마의 유품을 정리할 때가 오면 그땐 알면서도 하지 못했다는 생각에 더 아파할 것이라는 생각이 들었다.

그렇게 명절을 보내고 대구 집으로 돌아와서는 그나마 남아 있는 몇 장씩 되는 자료들로 서브바인더를 한 권 만들어 놓긴 했다. 이다음에 시골에 엄마 집에 가면 엄마 사진을 몇 장 찍어 올까 한다. 지금의 우리 집에는 엄마의 사진이 출력된 것이 한 장도 보이지 않는다. 지금은 늘 그곳에 계시니 가서 뵐 수 있지만 시간이 더 흐른 뒤 정말 엄마가 그리워질 때 펼쳐 볼 수 있는 엄마의 앨범을 만드는 일을 해야겠다는 생각을 한다.

지난번 아버지 제사 때 엄마는 마당에서 미역줄기를 정리하는 일을 하고 있었다. 나는 그냥 거실에서 쉬고 있다가 엄마와 이야기를 하고 싶어 마당으로 나갔다. 그때 엄마는 자식들 생각만 하고 자식들한테 조금이라도 보태주고 싶어서 부지런히 일을 하고 계신다고 하셨다. 내가 이렇게 열심히 하면 복이 모두 아랫대에 갈 것이라고, 그래서 너희들이 잘되고 너희 자식들이 그 복을 받을 것이라고 말씀하신다. 항상 사람들에게 베풀며 살고 나눠주면 자식들이 잘될 거라는 기대를 하며 산다고 하신다.

내가 대학원 공부를 하는 것도 엄마에게는 자랑스러운 일이라고 하신다. 뒤늦게 시작한 공부지만 박사과정까지 마치고 나면 엄마의 앨범에 학위증을 넣어 드리고 싶다.

엄마가 예전에 철학관에서 들으신 이야기를 매번 해 주신다.

"어디 가서 물어보니 내 밑에 대통령도 나오고 장관도 나온다고 하더라."

"너희 아버지가 못살아 배움에 한이 있었는데 어쨌든 너라도 그렇게 열심히 공부 한다니 아버지 원을 풀어주는 것 같아서 좋다. 열심히 해라. 장학금 받고 한다니 내가 얼마나 힘이 나는지 모른다. 내가 고생하는 것을 안다면 너희들이 이름을 떨쳐라."

이런 이야기를 하실 때 엄마는 정말 행복해 보이신다. 좋은 기대감 때문에 육체적으로 힘드셔도 아무것도 아닌 것처럼 느끼시는 것 같다. 얼마 전 엄마와 통화를 했는데 아버지의 동네 친구인 아저씨네 아들 결혼식에 가신 얘기를 하셨다. 좀처럼 자식 자랑을 하지 않으시는 엄마가 내 자랑을 하셨다고 한다. 학위증을 엄마의 앨범에 꼭 넣어 드리고 싶다.

"명숙아 어쨌든 열심히 하고 너희 아이들 공부시켜서 나중에 내 아랫대가 잘되게 해 줘라. 그렇게 내 이름이 남도록 해 줘라."

이렇게 말씀 하신다. 무슨 말씀이신지 충분히 알아차렸다. 『리딩으로 리드하라』라는 책을 읽으면서 나도 자식을 잘 키워 세상에 도움 되는 사람으로 키워야겠다는 엄마의 사명감을 책 여백에 기록했던 적이 있다. 엄마도 나와 똑같은 생각을 하고 계시구나 하는 생각이 들었다. 역시 나는 엄마의 딸이구나.

많은 기록들이 남아 있지 않아 마음이 아팠지만 엄마가 남기고 싶은 앨범이 무엇인지 알게 되었다. 엄마가 말씀하신 것처럼 엄마의 자손이 세상에 이로운 사람이 되도록 해드리고 싶다. 이렇게 올바른 생각을 갖고 우리를 키워주신 엄마에게 다시 한 번 감사의 마음을 갖게 된다.

제2장

여자에게
직업이란

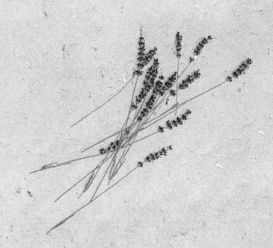

여자에게 직업이란 또 하나의 새로운 세상이다. 가정에서는 엄마로서의, 아내로서의 역할을 수행했지만 직장에서 나는 마케팅 담당자였고, 영업지점을 운영하는 대표자였다. 때로는 단호하게, 때로는 누구도 함부로 할 수 없는 추진력으로 지휘를 해내야 했다. 여장부의 모습으로 변할 수밖에 없었다.

　집에 있을 때는 편한 차림의 옷을 입었지만 직장에서는 전문가다운 복장에 하이힐을 신고 다녔다. 평소에 집에서는 맥주 한 모금에 그쳤지만 직장에서는 필요하다면 밤새 술을 마시기도 했다. 술에 취해 집에 와서 쓰러지는 한이 있어도 회식 장소에서만큼은 정신을 똑바로 차리려고 애썼다. 회식 다음 날은 화장을 더 짙게 해서 피곤함을 감추려고 했고 아무 일도 없었던 것처럼 더 여유를 부렸다.

　여성이라 양보해 주려고 하고 보호해 주려는 것을 수용하지 않으려 했다. 똑같은 직장인일 뿐이었다. 괜히 봐준다는 이야기를 듣고 싶지 않았기 때문에 다른 사람들과 동일한 조건에서 일하는 것을 스스로 고집했다.

　여성이 직장생활을 하면 아이들 케어와 살림 때문에 힘든 점이 많지만 그래도 일터에서 동등한 입장에서 일을 해내면 나름의 성취감을 느끼며 보람도 느끼게 되는 것 같다. 여성에게 직업이란 또 하나의 능력을 발견할 수 있는 기회고, 세상에서 나를 찾아가며 성장하는 것을 맛볼 수 있는 경험이다. 나는 오랜 직장생활과 지점을 경영한 경력 덕분에 어떤 상황에 놓여도 문제를 해결할 수 있다는 자신감을 갖게 되었고 어떤 사람이든 편하게 상담할 수 있는 능력을 키우게 된 것 같다. 그래서 많은 여성분들이 본인의 능력을 찾지 못하고 경력을 단절시키는 경우가 많은 것이 매우 안타깝다.

여성분들이 세상 밖으로 문을 열고 나오기를 응원한다.

22년 하고도 7개월

학교 다닐 때는 대한교육보험에 입사를 하고 싶었다. 시골 바닷가에 한 달에 한 번씩 곱게 화장을 하고 정장을 입고 엄마에게 보험료를 받으러 오시는 대한교육보험의 최 소장님이 나의 롤 모델이었기 때문이다.

매일같이 일을 하느라 몸뻬 바지만 입고 일하는 엄마의 모습과 달리 항상 곱게 화장하시고 구두를 신고 멋있는 옷을 입고 오시는 보험회사 소장님은 커 보였다. 어느 날은 소장님께서 엄마에게 보험료를 받으러 오셔서 말씀하셨다.

"딸내미 공부 잘 시켜서 나중에 대한교육보험에 입사시키세요. 월급도 많아요."

안 그래도 소장님이 너무 멋지고 좋아 보여서 나도 그 회사에 취직을 하고 싶다는 생각을 하고 있는데 엄마에게 그렇게 말씀하시는 게 아닌가. 그때 결심했다.

'나중에 대한교육보험에 입사를 해야지.'

그렇게 마음을 먹었던 기억이 있었는데 시간이 흐르고 취업을 해야 하는 시기에 대한교육보험에 입사원서를 내게 됐고 광화문 서울 본사에서 면접을 보고 합격 통지를 받던 날 얼마나 기뻤는지 모른다.

천안에 있는 '계성원'이라는 인재개발원에 교육을 들어가야 했는데 영덕 시골에서 천안까지는 아침 일찍 갈 수가 없어 전날 오후에 아버지와 무궁화 열차를 타고 천안역으로 갔다. 저녁 무렵 도착해서 인근에 숙소를 얻어 자고 다음 날 아침 아버지께서는 기차를 타고 내려가시고 나는 연수원에 교육을 들어갔다.

어릴 적에 시골에서 일만 하시던 아버지께서는 은근히 딸을 챙기신 듯했다. 입사를 하기 전에 서울에 있는 친척 언니에게 부탁을 해서 '진도모피'라는 곳에 취직을 부탁을 하신 것도 아버지였고, 그때도 서울까지 나를 데리고 가 주셨던 것도 아버지였다. 천안역까지 아버지께서 직접 데려다 주실 거라고는 생각하지 못했다. 표현을 하시지는 않았지만 아버지께서도 내가 대한교육보험에 입사를 하게 된 것이 기쁘셨던 것 같다.

전국에서 공채로 입사한 700여 명의 신입 사원들이 일주일간의 교육을 받게 되었다. 700명을 수용하는 대강당에서도 교육을 했고 15~20명씩 분반을 하여 분임반에서도 교육을 진행했다. 일주일간 입사 동기들끼리 생활하는 것은 색다른 경험이었다.

각자 흰색 운동화에 검은색 바지를 입고 가면 연수원에서 주는 흰색 재킷의 연수복을 입었다. 90년대에 천안연수원을 이용해 본 사람들은 그 옷을 죄수 복장이라고 농담 삼아 이야기하곤 했었다. 가만히 생각해 보면 교보생명 창립자님께서 직원들을 아끼는 마음이 그대로 담겨있는 부분이기도 했다. 태조산 기슭에 호텔과 같은 환경의 연수원에서 2명씩 침대가 있는 방 하나를 사용하였고, 지하 2층의 식당에서 쓰는 그릇은 인간문화재가 직접 만든 방짜유기였다.

신입사원 연수를 받고 포항 오광장 쪽에 있는 포항 영업국으로 2주일간 출근을 해야 했다. 영해에서 포항으로 가는 새벽 첫차는 4시

40분에 있었다. 새벽 같이 일어나 아버지 오토바이 뒤에 타고 영해 정류장에서 포항 가는 버스를 탔다. 1시긴 50분 동안 버스를 타고 포항터미널에 내린 뒤 오광장까지 택시를 타고 가면 포항 영업국 입구에 6시 50분쯤 도착한다. 철문이 잠긴 포항영업국 입구에서 기다리고 있다 보면 출납 담당 주임님께서 출근 하셔서 문을 열어주셨다.

수습사원 때라 퇴근 시간은 6시로 빨랐다. 그 시간이 되면 배우던 업무를 마무리하고 수습 노트를 적은 뒤 검사를 받았다. 포항 영업국에는 입사 동기가 세 명이였다. 셋은 회사에서 만나 '동기사랑 나라사랑'이라는 말을 하며 서로 챙기고 의지를 했다. 그렇게 첫 직장생활을 시작했던 것 같다.

11월 중순을 넘어 12월이 다가올수록 새벽에 시외버스를 타고 포항까지 출퇴근을 하기가 여간 힘든 게 아니었다. 그래도 그때는 그렇게 다녔다. 어떻게든 수습 기간을 잘 보내고 정식 직원으로 근무를 할 수 있기를 바라는 마음에 열심히 배웠다.

2주간 영업국에서 배운 뒤 신입 사원 신분으로 영해 영업소에 배치를 받게 되었다. 영업소는 면 단위의 작은 곳에 있었고 내가 다니던 고등학교가 있던 곳이었다. 영업소장이 공석인 곳이라서 혼자 아침에 사무실 문을 열고 저녁에 문을 닫아야 했기에 아버지께서는 아시는 분을 통해 나의 자취방을 구해 주셨다. 대진리에서 영해로 버스를 타고 학교를 다니던 둘째 남동생과 함께 자취 생활을 시작한 것이다.

바닷가에 시골 동네에서 살다가 처음으로 영해 시내에서 사는 것도 재미있었고 내 방이 생겼다는 것이 좋았다. 깨끗한 방에 커튼도 있고 오단옷장도 있었다. 주인댁 아주머니와 며느님께서도 나에게 잘해 주셨다. 퇴근이 늦어 연탄불을 갈아야 할 때면 주인아주머니께서 한 번씩 봐주시기도 하고 음식도 나눠 주셨다. 아직 어린데 부엌을 깨끗이 정리하고 다닌다며 칭찬하셨고 빨래거리며 신발도 반듯하게 정리한다고 칭찬을 해 주셨다.

중학생이 된 둘째 남동생도 얼마나 부지런했으면 새벽에 신문 돌리는 일을 하였다. 한 달간 신문을 돌려서 받은 만 원 정도 되는 돈으로 누나와 나눠 먹을 과자를 사 왔었다. 중학교 입학하면서 영해에서 함께 자취를 하게 되었는데 얼마나 기특하던지…. 우리 집 형제들은 부모님께서 부지런한 모습을 보여 주셨기에 부지런함과 반듯함이 몸에 배어 있었다.

첫 직장생활을 시작하고 한 달이 지날 무렵 큰 사건을 경험하면서 얼마나 놀랐는지 모른다. 그래도 무사히 영해 영업소에서 첫 직장생활을 1년 8개월 정도 했다. 그 뒤로는 후포 영업소에 발령을 받아 1년 6개월 정도 근무했고, 바로 포항 영업국 출납으로 근무를 하게 되었다.

입사한 지 3년이 채 되지 않은 여사원이 영업국 출납을 하는 것은 그 당시 큰 이슈였다. 나름 인정을 받았다는 느낌에 더 열심히 했던 것 같다.

지금 생각해 보면 그때 출납을 맡고 있었던 선배 언니가 워낙 오랫동안 출납 업무를 했고 딱 부러지게 일을 잘해서 언니를 닮고 싶었다. 언젠가 나도 언니처럼 영업국에 출납을 하고 싶다는 생각을 했었다. 외설 영업소에 근무를 하고 있었지만 언젠가는 내가 할 업무라 생각하여 전체적으로 돌아가는 일들을 배웠다.

행여나 누가 향후에 어떤 일을 하고 싶냐고 물어보면 경리 업무를 잘 배워서 미향 언니 뒤를 이어 영업국 출납 업무를 맡고 싶다고 이야기했었다.

근무한 지 얼마 되지 않았을 때 영업국 출납을 하면서 정말 많은 고생을 했다. 내가 출납을 맡을 무렵, 수납을 받는 사람도 입사한 지 얼마 안 된 사람으로 바뀌었다. 월말이 되면 이자 계산을 수작업으로 해서 수납을 하고 보험료도 현금으로 받아야 했는데 시재를 틀려서 찾으려고 밤을 샌 적도 많았고 지원비대장이라는 비장부까지 관리를 해야 해서 한동안은 밤을 새워가며 일을 배웠다. 숙소가 있었지만 시재를 맞추느라 퇴근을 못하고 회의실에서 엎드려 잔 적도 있었다.

그렇게 어렵게 출납 업무를 배우고 나니 업무 능력이 꽤 늘었다. 포항 터미널 옆에 신축 사옥이 생기고 그쪽으로 포항 영업국과 신포항 영업국이 함께 나란히 입주를 했을 때도 출납을 맡았다. 함께 입사한 동기들은 여전히 영업소에 주무 일을 하고 있었지만 나는 누군가 롤 모델을 찾아 그 업무를 배워서 해 보려는 도전을 조금씩 했었다.

포항에서 출납을 할 때 은행에 근무하는 남편을 만나게 되었고 결혼을 하며 대구로 오게 되었다.

대구에 와서 근무를 하면서도 정말 많은 일들이 있었다. 그동안의 직장생활을 되돌아보면 누가 보든 보지 않든 정말 최선을 다해 성심을 다해 근무를 했다. 내가 속한 조직의 성과를 내기 위해 내가 어떻게 해야 할지 생각했고 작은 힘이지만 보태려고 노력을 했다.

또한 나만의 작은 프로젝트를 계획하고 남들이 어려울 것이라 생각하는 것들을 목표로 삼고 끊임없이 노력했다. 2000년대 초에 명예

퇴직의 바람이 불었고 여사원들을 많이 내보내기 위한 면담이 이어졌다. 지금 퇴직을 하지 않으면 타 지역에 발령을 낸다는 협박에 가까운 면담에 못 이겨, 세 돌도 안 된 어린 아들과 떨어져 생활할 수 없어 퇴직신청을 했었다.

그런데 퇴직 정리를 하고 집에서 쉬고 있는데 본사 인사팀에서 다시 연락이 왔다. 너무 많은 인원이 퇴직을 해 인력 수급상 귀하의 퇴직을 반려하니 다시 복직을 하라는 것이었다. 지금 생각하면 신기하기만 하다. 그때도 나는 다시 근무하면 창구에서 근무를 하고 싶다는 생각을 갖고 있었던 터라 수성지원단에서 텔러로 근무를 하게 해 준다면 복직을 하겠다고 의사표현을 했었고, 그렇게 복직이 되었다.

22년 7개월 동안 근무를 하면서 내 업무의 주인은 나라는 것을 늘 염두에 두고 일을 했다. 종업원이지만 사장의 마인드로 일을 하였고 내가 하는 업무를 어떻게 하면 더 효율적으로 할까 고민을 했다. 그렇게 매 순간 최선을 다해 근무를 해왔기에 내가 그곳에서 퇴직을 할 것이라고는 생각해 보지 않았던 것이다.

학교 다닐 때 그 회사에 꼭 입사를 하고 싶어 했었고 그곳에서 근무하는 동안 남편을 만나서 결혼을 했고, 두 아이의 엄마가 됐고, 서른 중반이 넘어가면서 지점장에 도전했고, 내 지점을 운영하게 되었다. 내가 얼마나 직장생활을 즐겁게 했으면 아이들도 차를 타고 지나가다 교보 건물이 보이면 엄마 회사라고 좋아했다. 손으로 가리키며 좋아하던 아이들에게는 교보가 '엄마가 다니는 좋은 회사'였던 것이다.

내게 주어진 환경을 탓하기 보다는 즐겁게 일하려고 노력했다. 내가 이루고 싶은 것이 있으면 늘 그것을 생각하며 살았다. 생각만 하는 것이 아니라 내가 하고 싶은 것을 이야기하기도 했다. 언젠가 기회가 올 것이라 생각하고 조금씩 준비하면 기회가 왔을 때 기쁜 마음으로 선택할 수 있다는 것을 오랜 직장생활을 통해 배웠다. 직장생활을 할 때의 경험들은 퇴직 후에도 내가 뭔가를 시작하는 데 충분한 밑거름이 되어 준다는 것을 느낀다. 지금 현장에서 일하는 모든 분들이 그것을 알아야 한다. 지금 내가 하는 일에서 인생 2모작을 시작하는 밑거름이 만들어진다.

엄마들은 아이를 키우는 일이 새로운 일이 될 수 있고, 주부들은 가정살림이 새로운 일이 될 수 있다. 식당에서 알바를 하는 종업원들도 지금 하고 있는 바로 그 일이 당신을 성장시킬 수 있는 밑거름이 된다는 것을 잊지 말기를 바란다.

어느 날, 퇴직

2014년 6월 16일. 내 삶의 산소와도 같았던 그곳에서 퇴직을 하게 되었다. 퇴직하고 일주일 뒤 후배 사원들이 마련한 자리에서 후배들의 선물과 마음을 담은 롤링페이퍼를 받았다. 그래도 나를 알아 주는 사람들이 많구나 하는 생각으로 퇴직을 받아들였다. 후배들을 위해 선배가 용단을 내려 달라는 말에 퇴직 결정을 하게 됐다. 개인적으로 보면 너무 아쉬웠고 그곳에 남아서 더 큰일을 할 꿈을 가지고 있었지만, 과거에는 내 선배들이 후배인 나를 위해 지금의 나와 같은 결정을 했을 것이라 생각했다.

퇴직을 해야겠다고 결정을 했을 땐 아무도 눈치채지 못하게 조용히 주변 정리를 했다. 내 업무를 맡을 후임이 알아보기 쉽게 내가 하던 일을 정리하여 워드파일에 저장해 뒀고 PC의 폴더를 정리해서 잘 보이도록 정렬을 해 두었다.

마지막으로 근무하던 그날, 온라인이 6시에 종료되기만을 기다리다 미리 준비해둔 간단한 인사메일을 지원단 내 몇 분에게만 발송했다. 그러고 나서 바로 뒤도 돌아보지 않고 나왔다. 그게 회사 생활의 마지막이었다.

한 번도 퇴직을 하겠다고 생각을 하지 않던 상황에서 갑작스런 퇴직 결정을 하게 되어 집에서 혼자 얼마나 울었는지 모른다. 아침에 아이들이 등교를 하고 나면 혼자서 빈집 침대에 누워서 아무것도 하지 않고 늘어져 누워 있었다. 걱정이 된 남편이 출근해서도 전화를 했고 점심때도 전화를 해 줬었다.

남편도 내가 회사를 그만둘 거라고는 예상하지 못했다. 그런데 내가 갑작스럽게 회사 조직에 정이 떨어진다는 이야기를 듣자 신경이 쓰였을 것이다. 그 당시 6개월 뒤에 지점을 맡아 일할 계획을 가지고 있던 것을 알았기에 더 걱정스러웠을 것이다.

매일 출근 준비를 해서 아침 일찍 나갈 때는 몰랐는데 평일 낮에 엘리베이터를 타고 일층에 내려가려니 그것조차 어색했다. 걱정이 된 남편이 전화를 해서 집에 있으면 기분이 다운되니 박물관 뒷산이라도 산책해 보면 어떻겠냐고 했는데, 그 말에 괜히 화를 냈다.

"이 대낮에 내가 회사를 안 가고 혼자 박물관 뒷산을 산책할 수 있겠어?"

라고 남편에게 화를 내며 말했다.

그때 예민했던 내가 어떤 말을 하더라도 남편은 이해해 주고 위로해 줬다. 정말 고마운 남편이다. 평소에 회사에서 있었던 이야기를 사소한 일들도 이야기를 자주 해 줬고 나도 회사에서 속상한 일들이 있으면 남편에게 많은 부분 이야기를 했다. 그렇게 기분을 풀었던 적도 많았다. 이번에도 퇴직할 때 상황을 남편에게 늘어놓았다.

단장님께서 명예퇴직을 받는다며 지원단별로 근속 15년이 넘는 사원들을 대상으로 면담을 진행하셨다. 나는 지원단에서 마케팅 담당 업무를 맡고 있는 상황이라, 단장님은 나와 명예퇴직 면담을 할 때 다음 달 전략이나 지원안에 대한 이야기를 나누었을 뿐이었다.

지원단에서도 몇 명의 조직원들에게 퇴직 신청서를 받아야 하는 상황이었다. 하지만 절대로 못 나갈 상황인 사람도 있었고, 타 지역에 발령이 나더라도 어디든 가서 근무를 하겠다는 후배도 있었다. 본부에서는 지원단별로 명예퇴직 인원이 나오지 않다 보니 절대로 못 나가겠다고 버티는 사람들은 포기를 한 모양이었다. 그리고 전략을 바꾸어 생각지도 않았던 나에게 면담을 하자고 하는 게 아닌가. 지원단의 입장을 이야기하며 절대 못 나갈 사람들에 대한 설명을 했다. 그나마 지금 형편이 가장 좋으니 후배들을 위해 용퇴를 해달라는 것이었다.

이런 말도 안 되는 논리를 펼치며 퇴직 결심을 해 줄 것을 요청하는 그 분도 참으로 딱하다는 생각이 들었다. 본부에 근무한다는 이유로 그러한 면담을 해야 하고 다 아는 사이인데 이러한 면담을 진행하는 것도 편치 않을 거라 생각이 되어서 길게 이야기하고 싶지 않았다. 그 부분은 제가 고민을 하고 결정을 하겠노라고 하고 면담을 마쳤다.

사실 명예퇴직 대상이란 건 없다. 사장이 아닌 이상 그 누구도 함부로 퇴직을 권유해서도 안 되고 그만한 권력을 가지고 있지도 않다. 면담을 하는 사람이나 받는 사람 모두가 사실은 같이 회사에서 급여를 받고 일하는 종업원일 뿐이다.

면담을 하고 자리로 돌아와 평소와 같이 내가 하던 업무 자료를 준비하여 지원단장과 지점장들에게 사내 메일로 발송했다. 예전에는 빠른 소통을 위해 카톡으로 업무 자료에 대한 요청을 보내기도 했다. 그런데 이 날은 평소처럼 메일로 자료를 발송했을 뿐인데 지원단장의 반응이 정말 웃겼다.

지원단 내 열 명의 지점장들과 소통하는 대화방에서

"김명숙씨는 더 이상 업무에 관한 내용을 올리지 마세요."

라고 하는 게 아닌가. '이게 뭐지?' 하는 생각이 들었다.

얼마 전까지도 나는 지점장을 했었고 잠시 마케팅을 담당하고 있었지만 곧 준비하여 지점장으로 다시 도전하려는 계획을 세우고 있었다. 게다가 어제까지만 해도 다음 달 마케팅 전략을 상의하시던 단장님이 아니었던가. 그런 단장님이었는데 퇴직 인원이 나오지 않자 다급해졌는지 오전 오후 면담을 하자는 메일을 보내왔다. 조직에 대한 회의가 느껴졌다.

회사라는 조직에서 부하 사원을 챙기는 상사가 이렇게 없단 말인가. 하루아침에 이렇게 안면을 바꾸는 태도가 실망스러웠다. 물론 그 사람에게 실망한 것은 아니었다. 언젠가 나도 그 위치에 있게 되면 부하사원을 지킬 수 없을 것이고 퇴직 인원을 채워야 한다는 이유로 똑같은 행동을 하게 될 것이라는 생각이 들었다. 절대 나갈 수 없는 상황의 사람과 울며 타 지역에서라도 근무를 하겠다는 후배를 위해 '그래, 내가 나가자'라는 생각을 했다.

이곳에서 쏟는 열정 이상으로 일한다면 무슨 일인들 못하겠냐는 생각을 했다. 그리고 계속되는 지원단장의 면담 메일에 이렇게 회신 메일을 보냈다.

'지원단을 이끌어 가시는 입장은 충분히 이해하지만 그 누구도 똑같은 종업원의 입장에서 퇴직을 권유할 수는 없는 일입니다. 퇴직을 선택하더라도 제가 하는 것입니다. 더 이상 면담을 하고 싶지 않습니다. 마음이 결정되면 말씀을 드리겠습니다' 하지만 이런 내용으로 메일을 보내고도 몇 차례 면담을 해야 했다.

퇴근해서 남편에게 일련의 과정을 이야기했다. 회사도 그렇게 밖에 할 수 없는 부분을 이해는 하지만 그렇게 조직이 삭막해지는 상황이

싫다며 하소연했다. 남편에게 내가 어떤 결정을 하든 이해를 해 달라고 이야기를 하자 남편은 그동안 내가 어떻게 일해 왔는지 잘 아니까 편하게 결정하라고 이야기해 줬다. 이젠 쉬고 싶다는 이야기를 했고 남편은 어떤 결정을 하든 나를 응원한다는 말을 해 줬다.

고마웠다. 밖에서 일하는 아내가 술에 만취가 되어 돌아오던 날도 남편은 말없이 나를 챙겨 줬었고 못 먹는 술을 먹고 집에 와서 쓰러진 나에게 꿀물을 타 줬다. 영업이 잘 안 되어 힘들어 할 때도 나름의 위로를 해 줬었다. 힘들지만 지점을 운영하겠다고 했을 때도 한번 해 보라고 응원해 줬다.

밖에서 일하다 보니 내가 늘 아이들을 제대로 돌보지 못하는 것을 남편은 걱정했었는데, 이번 기회에 아이들을 위한 시간을 가져 보는 것도 좋겠다며 위로해 주었다. 우리가 열심히 직장생활을 하는 것도 우리 가족이 행복하게 지내기 위함이니 사춘기에 엄마가 아이들 옆에 있어주는 것도 매우 중요한 일이 될 것이라고 했다. 남편은 친구같이 좋은 동반자다. 나를 진심으로 사랑하고 아낀다는 것을 잘 안다. 늘 감사하다.

그렇게 마음을 먹고 조용히 자리를 정리하고 퇴직을 하게 되었다.

누구나 첫 직장에서 언젠가는 퇴직을 하게 될 것이다. 그것이 조금 빠르고 늦은 시기의 차이가 있을 뿐이다. 그곳에서 5년 더 근무하고 퇴직을 하는 것과 지금 조금 일찍 퇴직하는 것 사이에서 내가 어떤 선택을 하느냐에 따라 인생이 달라질 수 있다고 생각했다.

22년 7개월이라는 시간은 결코 짧지 않은 시간이며 어찌 되었든 나는 회사에 진심으로 감사하다. 퇴직할 무렵 실망스럽고 섭섭함이 있었지만 교보생명 덕분에 많은 것을 얻었고 지금 여유롭게 생활할 수 있었던 것도 사실은 회사 덕분이라 생각한다.

회사에서의 퇴직이 마지막을 의미하지는 않는다고 생각한다. 끝이 아니라 또 다른 새로운 시작을 하는 터닝 포인트인 것이다. 많은 직장인들이 지금 현재의 일터에 감사하며 주인답게 일해 주기를 바란다. 주인답게 일한 사람만이 나중에 무슨 일을 하든 남다른 성과를 낼 수 있기 때문이다. 한 번 성공해 본 경험이 있는 사람은 어떤 일을 하든 새로운 일에서 성공을 이루어 낼 수 있다. 나의 경험에 비추어 이야기해 보면, 공채 여사원 출신으로 처음 지점장에 도전을 했고 지점운영을 잘 해낸 경험이 있다. 퇴직 후에 내가 하고 싶은 일을 찾고 그곳에서도 성과를 내는 것이 쉽지만은 않지만 한 번의 성공 경험은 내 삶의 자세마저 달라지게 만들었다.

퇴직 후 아이들 케어에 많은 시간을 쓰면서 아이들 진로를 위해 공부를 하게 됐다. 아이들 재능을 찾기 위해 공부를 하면서 그것을 생활에 접목했고, 우리 아이들이 행복해 하며 자기가 원하는 꿈을 이루기 위해 준비하는 모습을 보게 됐다.

어느 날 갑작스럽게 퇴직을 하게 되었지만 직장생활에서의 성공경험을 생각하며 나의 생활 속에 나의 새로운 도전을 접목하며 오늘도 나는 조금씩 성장해 나가고 있다.

직장생활이 나에게 남긴 것

결혼 후 아이들을 키우고만 있었더라면 알지 못했던 것들을 직장생활을 하면서 많이도 경험하게 되었다. 오랜 직장생활에 따라오는 경제적 안정에 대한 부분은 말할 것도 없고 체계적으로 일을 하는 습관 또한 내가 직장생활에서 얻은 것이라고 생각한다.

그 중에서도 가장 좋았던 부분은 역시 많은 사람과 맺게 된 인연인 것 같다. 첫 근무지에서 만난 영해 영업소 사원분들, 20년 전에 후포 영업소에 근무를 할 때 농협 거래를 했는데 그곳에서 알게 된 경미 언니, 결혼 전 포항에서 근무하던 선후배분들과 설계사분들, 대구에서 근무하면서 함께 근무한 많은 동료들, 고객 프라자 텔러로 근무하면서 만난 고객분들, 지점장후보과정 교육을 함께 받은 동기들, 영업 현장에서 직접 발로 뛰어준 보험 설계사분들, 그분들을 통해 만나게 된 고객분들까지. 보통 인연들이 아니다.

예전에 광화문 글판에서 글귀를 하나 봤다. '한 사람이 온다는 것은 실로 어마어마한 일이다. 사실은 그 사람의 일생이 오는 것이기 때문이다'라는 글이었다. 정말 그렇다. 직장생활에서 가장 큰 자산은 많은 사람들을 만나게 된 것이고 그중에서도 나와 인연을 오래 맺고 있는 사람들이 많아 참으로 감사하게 생각한다. 또한 많은 사람들을 만날 기회가 있었기에 처음 사람들을 만나더라도 어려움을 느끼지 않게 됐다. 처음 뵙는 분들이라도 쉽게 공통 주제를 찾아 편하게 이야기를 나누는 것이 나의 장점이 되었다.

금융기관에서 일하며 서비스에 대한 교육을 많이 받다 보니 항상 표정을 밝게 하려고 했던 것이 지금의 나의 얼굴에 남아 있게 된 것 같다. 상대방의 말을 잘 들어 주는 것만으로도 상대방과 빨리 친해질 수 있는데 그것도 회사에 근무하면서 배운 것이기도 하다.

보험 설계사분들은 다양한 연령대의 여성분들이 많은 편이다. 처음 입사를 했을 때 대부분의 설계사분들은 친정 엄마와 비슷한 연배의 분들이 많으셨다. 직장생활을 오래 할수록 그분들도 연세가 들어 나이가 많으신 분들도 많아졌고, 반면 새롭게 입사한 젊은 설계사분들도 많이 만나게 되었다.

평범하게 직장생활을 하고 계시는 여성분들이 많은 비율을 차지하고 있는 보험 회사에서 일하다 보니, 부모님 연배의 주요 관심사나 고민들도 들을 수 있었다. 대부분의 엄마들은 아파트 분양을 받아 아파트 중도금을 넣기 위해서 맞벌이를 시작하게 된다. 자녀들 교육비 준비를 하기 위해 자식들 공부를 시키려고 일을 하게 되고, 자식들 한둘 출가시키고 나면 노후준비를 하기 위해 일을 하게 된다는 것을 일찍 파악하게 되었다. 아직 어린 나이였지만 10년 뒤, 20년 뒤에 내가 무엇을 걱정하게 되고 어떤 것에 관심을 갖게 될지를 함께 근무하게 되는 설계사분들을 보고 간접적으로 터득해 가게 되었다.

회사에 입사하여 수습사원일 때 첫 급여 봉투로 수령한 금액이 44만 5천 원이었던 것으로 기억을 한다. 첫 급여 중 40만 원을 저축했다. 3개월 수습 기간만 지나면 급여가 더 오를 것이고 특별히 지출할 것이 없으니 4만 5천 원으로 한 달 용돈을 하면 될 것이라 생각했다. 첫 급여에서 대부분의 금액으로 적금을 시작했던 것이 종잣돈을 모을 수 있는 발판이 되었다. 덕분에 7년가량 직장생활을 하며 모은 돈으로 결혼식 자금과 신혼살림을 준비했다. 그동안 딸을 예쁘게 잘 키워 주신 부모님께 감사드리며 2천만 원을 드리고 올 수 있게 되었다.

사십대 후반부터 오십대에 접어들면서 자녀들 교육비로 인해 지출되는 금액이 수입 금액을 초과했다. 자녀들이 고등학교에 들어가기전에 주택 마련, 노후 자금을 준비를 해야겠다는 생각이 들었다.

어릴 때 풍족함을 느끼는 자녀들은 어른이 되어서 어려움을 이겨내는 힘이 약하다는 것을 알게 되었고, 살림이 넉넉하더라도 부모가 자녀들에게는 때로는 부족함을 경험하게 하는 것도 매우 중요한 교육이라는 것을 먼저 살아오신 분들을 보며 알게 되었다. 덕분에 회사를 다니는 동안 개인적으로 노후준비를 마칠 수 있었고 아이들에게도 부족함을 경험할 기회도 주면서 키우게 되었다.

회사를 그만둔 지 3년이라는 시간이 지났는데도 여럿이 교육을 받는 장소에 가거나 학부모 모임에 나가면 사람들에게 물어본다. 직장에 다니시냐고. 여러 사람이 있는 장소에서 지켜야 할 에티켓같은 것도 몸에 배어 있다. 누군가가 뭔가를 진행해야 할 때면 교육을 진행하는 분이 잘 진행을 할 수 있도록 분위기를 만들어 주고 의견을 도출을 해야 할 때면 자연스럽게 진행을 맡게 된다. 일이 원활하게 흘러갈 수 있도록 나도 모르게 도움을 주고 있는 것이다.

회사에 다녔을 때도 습관적으로 그렇게 일을 처리하려고 노력했었다. 매일 하는 반복된 일일지라도 어떻게 하면 조금 더 효과적일까 한 번 더 생각했다. 내가 알고 있는 지식이라면 어느 정도 정리를 해서 다른 사람들에게 알려주려고 다시 정리를 했다. 내가 알게 된 업무 노하우를 후배들에게 알려주는 것을 즐겼고, 선배가 나에게 알려

준 일도 내 방식대로 재해석을 하고 나에게 익숙하게 조금 더 보완했다. 그렇게 일을 하다 보니 작지만 많은 아이디어를 생각하게 되고 일을 효과적으로 빠르게 처리하는 능력을 갖게 되었다.

처음에는 낯선 업무를 받아들이는 것이 빠르지는 못했다. 잘 모르는 부분에 대해서는 철저히 기본적인 원칙과 사무 매뉴얼을 익히려 했었다. 그것이 습관이 되어 사무적으로는 모든 일을 회사의 규정대로 일을 했고 허용되는 범위 내에서 융통성을 적용했다.

직장생활을 하고 있는 많은 분들이 고민해야 할 부분이라고 생각한다. 내가 하는 일을 오랫동안 그 일을 해서 숙련자가 되는 것이 아니라. 기본적인 원칙을 잘 알고 관련된 부분을 고민하다 보면 그 업무에 대해 깊이가 생기고 전문가가 되는 느낌을 경험해 보면 그 업을 떠난 이후에도 습관이 되어 다른 곳에서 또 다른 실력을 발휘하게 되기 때문이다.

삼십대 중반이 넘어가면서 계속 이렇게 사무직으로 근무하고 싶지는 않다는 생각이 들었고 마흔이 된 내 모습을 생각해 보았다. 마흔이 되어서도 갓 입사한 이십대 초반의 후배 사원들이 하는 업무를 똑같이 하고 있는 것이 맞을까? 생각해 보니 그 모습은 아니라는 생각에 지점장을 해야겠다고 생각했다.

꿈꾸는 만큼 이루어진다고 그 무렵 인사팀에서 사무직 출신의 사원 중에 지점장 후보를 공모한다는 소식을 듣게 되었고, 바로 지원을 했다. 그동안 여사원들은 지점장 후보 교육을 다녀와서도 지점장으로 발령을 받지 않고 지점 내 양성실장의 보직으로 소극적으로 근무하는 경우가 있었다. 그러다 보니 여사원들을 지점장 후보로 잘 받아 주지 않을 때였다.

나는 목표가 있었기에 너무나 도전해 보고 싶었고 6개월간의 교육 과정을 마치고 곧바로 지점장으로 근무할 생각으로 지원했다. 서울에서 6개월간 교육을 받으며 많은 성장을 할 수가 있었다. 여사원에서 성과관리자로, 아름다운 도전이 시작되었다. '선배 여사원의 아름다운 도전'이라는 제목으로 사내 위성방송에 소개가 되기도 했고, 후배들에게 특강을 하는 자리를 경험하기도 했다. 나의 소박한 이야기들이 누군가에게 힘이 되고 동기부여가 된다는 것을 알게 되는 시간이기도 했다.

지점장후보과정에서 매 주 한 권의 책을 읽고 동기들과 독서토론을 하는 시간이 있었는데 그것이 매우 유용했다. 같은 책을 읽고도 사람들마다 책 속에서 보는 것들이 조금씩 달랐다. 같은 글귀를 찾아내더라도 사람마다 처한 상황이 다르다 보니 추후에 적용하는 부분이 조금씩 다르다는 것을 알게 되었다. 그때 매 주 한 권의 책을 읽기 시작한 것이 독서하는 습관을 갖게 되었다. '플랭클린 플래너'를 알게 된 것도 지점장후보과정 때였다.

그전까지만 해도 업무적으로 당일 해야 할 일들을 회사 다이어리에 기록하는 습관이 없었다. 그런데 지점장후보과정에서 '플랭클린 플래너'를 쓰는 법을 교육받았는데 그것이 메모하는 습관을 만들어 줬다. 하루 일의 우선순위를 기록해 보고 그날 해야 할 일들을 체크하는 습관을 만들게 됐다. '플랭클린 플래너'를 쓰면서 메모하는 습관이 있었기에 '3P바인더' 교육을 받을 때도 바인더가 기록관리, 목표관리, 성과관리로 나뉘어 얼마나 잘 되어 있는지 한눈에 알아 볼 수 있었던 것 같다.

우연히 읽게 된 『인생의 차이를 만드는 독서법 본깨적』을 통해 강규형 대표님을 알게 되었고 유튜브에서 그의 모든 강연을 찾아 들었다. 그때 '바로 이것이다'라는 생각이 들었고 비인더 교육을 찾아 듣기 시작했다. 그리고 그게 내가 책을 쓰게 된 계기다.

회사에서는 고졸 공채 여사원으로 채용된 나에게 FP지점이라는 큰 조직을 맡아서 운영할 수 있도록 사무 여사원도 지원을 해 줬다. 사무실 공간도 마련해 줬고 영업을 할 수 있는 사원들까지 모든 것을 준비해 줬다. 이보다 더 큰 도움이 있을까? 가게를 창업해 본 사람들은 알 것이다. 내 가게를 준비하기 위해서 얼마나 많은 비용과 준비를 해야 하는지를 말이다.

나는 아무것도 갖고 있지 않았기에 회사에서 지점을 운영할 수 있도록 교육을 시켜준 것도, 일을 할 수 있도록 모든 것을 준비해서 보직을 맡겨 준 것도 너무나도 감사했다. 지금까지 내가 회사에서 받은 것이 정말 많으니까 이제는 내가 회사에 이익을 남겨 주는 영업관리자가 되어야겠다는 생각을 했다.

대구 시내에서 가장 좋은 위치에 내 가게가 생긴 것이다. 지점장 발령이 나면 당연하게 주어지는 것들도 당연하다고 생각하지 않았다. 똑같은 지점을 내 손으로 오픈한다고 생각하면 초기 오픈금액과 매달 여직원 급여, 건물 관리비, 지점 운영비 등등 모든 것이 만만치 않았을 것이다. 하지만 그런 것들을 회사의 도움으로 충당할 수 있었다. 정말 감사했다. 회사에게 이익을 남겨주고자 최선을 다했다. 함께 일하는 설계사분들이 성과를 낼 수 있도록 지점장으로서 많은 고민을 하고 함께 현장에서 뛰었다.

그런 조직을 운영한 경험들이 회사를 퇴직한 지금 많은 것을 새롭게 만들어 내는 기반이 되는 것 같다. 지점장 후보 시절에 필드에서 끝까지 도전하며 임계점을 넘어본 경험이 지금 내가 뭔가를 할 때 밑바탕이 되는 것을 나는 잘 안다.

신께서는 내가 이겨낼 수 있을 만큼의 고난을 준다고 했던가. 모두가 힘들어 하는 그 과정을 이겨내면서 나는 또 다른 큰 것을 얻게 되었던 것 같다. 지금 어떤 어려움을 겪고 있다면 그 또한 감사하다고 생각을 바꿔보면 어떨까? 내가 이겨낼 수 있는 고난이니 그 속에서 뭔가를 얻어 보려는 노력이 필요하다 생각한다.

직장생활에서 나에게 남은 것들은 참으로 많다. 그곳에서 나와 인연을 맺은 많은 분들께 감사하고 더 나아가 교보생명을 창립해 주신 신용호 창립자님과 신창재 회장님께 감사하다. 나의 일터를 만들어 주셨고 내가 그곳에서 근무할 때까지 잘 지켜주셨기 때문이다. 많은 기업을 창업해 주신 CEO분들에게 많은 사람들이 감사의 마음을 갖기를 바란다. 또한 스스로의 성장을 위해서 현장에 일할 때 성공경험을 이루어 보길 바란다.

우리는 왜 일을 하는가

"여러분들은 어떻게 이곳에 오시게 되셨나요?"

교육장에 오신 분들께 질문을 던져 보았다. 열댓 명 정도 앉아 있다면 두세 명은 이렇게 답변을 한다.

"그냥 교육 좀 받으라고 해서 왔어요."

"그냥 시험만 치러 왔어요."

예전 직장에서 처음 지점을 맡아 3년 정도 지점장을 하다가 잠시 1년간 신인양성 담당을 한 경험이 있다. FP지점에서 지점을 운영해 본 경험이 있었던 상황이라 신인양성 담당이 얼마나 중요한지 잘 알고 있었다.

그 당시는 보험 영업을 하기 위해서는 신인양성과정에 입과해야 했다. 보험모집인 시험에 응시하기 전에 교육을 일주일정도 받은 뒤 보험모집인 시험에 합격하면 위촉 전 교육을 한 달간 수료하고 다음 달에 위촉이 되는 교육프로세스로 진행이 되고 있을 때였다.

교육 과정에 입과를 하는 분들 중에는 정말 보험 영업을 해 보려고 입과를 하시는 분들도 계시지만 지인의 부탁에 의해 입과를 하신 분도 계시고, 시험만 친다는 생각으로 입과를 하신 분들도 계셨다.

어쨌든 교육생들이 그곳까지 온다는 것은 잘 교육하면 일을 할 수 있는 여건이 되는 사람들이라는 의미였다. 그런 판단 하에 신인 양성 담당으로서 정성을 쏟아가며 교육을 진행했다.

기존에 교육 담당자의 교육스타일이 있었지만 처음 신인양성담당을 맡게 되면서 나만의 교육 스타일을 만들려고 노력했다. 전체적인 교육 프로그램을 꼼꼼히 살펴보고 지점을 운영했을 때 지점장의 입장에서 어떤 점을 교육장에서 해결해 주길 바랐는지 노트에 적었다. 교육 진행 과정의 기본 원칙을 지키면서 조금 더 강조할 부분을 체크해 신인양성과정에 적용을 해 봤다. 그중에 효과가 좋았던 것이 하나 있었다.

그것은 바로 '나의 사명 선언서 작성하기'였다. 가족 소개 및 나의 역할과 내가 갖고 싶은 것을 작성한 뒤, 1년 뒤 나의 모습과 5년 뒤 나의 모습을 기록하는 양식지를 만들어 기록하고 전체가 공유하는 시간을 갖는 것이었다.

이 내용을 첫날 오리엔테이션 때 진행하는 것으로 했다. 회사 소개를 하고 각자 교육생을 소개하는 시간을 가진 뒤 교육진행자인 나를 소개했는데, 그때 내가 작성한 '나의 사명서'를 교육생들에게 보여줬다. 그다음 간단히 양식을 주고 작성해 보도록 했다. 옆 사람과 서로 이야기를 나누도록 한 뒤 몇 분을 앞에서 전체적으로 발표를 하도록 했다.

대부분의 사람들이 바쁘게 생활하다 보니 나에 대해서 생각해 보는 시간이 많이 없었던 것 같았다. 나에 대해 되돌아보고 앞으로 어떤 삶을 살아가고 싶은지 사랑하는 가족들에게 어떤 역할을 해 줘야 할지 생각하는 시간을 가져 보는 것만으로도 교육생들의 얼굴이 달라졌다. 표정에서 행복함을 느낄 수 있었다.

그때 '나의 사명서'에는 엄마로서의 역할을 많이 썼던 기억이 난다. 아이들을 바르게 잘 키워서 세상에 내놓는 엄마로서의 마음과 교보에서 여성임원으로 성장하고 싶은 포부, 가치 있는 삶을 살아가고자 한다는 내용을 공유했다. 나의 역할 중 아내로서의 역할, 자식으로서의 역할, 부모로서의 역할에 대한 내용도 담겨 있었다.

첫 달에 교육을 진행하면서 나의 사명과 역할을 읽어 내려갈 때는 코끝이 찡한 느낌을 받기도 했다. 나의 사명을 읽을 때마다 미세하게 떨리는 내 목소리가 느껴져 울컥하는 감정이 생기기도 했다.

나만 그렇게 느낀 것이 아니었던 것 같다. 함께 교육을 받고 있는 교육생들도 스스로를 돌아보는 시간을 갖게 되면서 감정이 흔들리는 것을 느낄 수가 있었다.

누군가의 권유로 온 사람들도 나를 되돌아보는 시간을 가진 뒤에는 마음속에 설렘이 생기기 시작하는 것 같았다. 그냥 시험만 치러 온 교육생도 본인의 사명서를 적어보고 미래의 자신의 모습을 한 번 생각해 보는 시간을 갖기만 했을 뿐인데 조금씩 달라지고 있었다.

신인 양성 담당을 하던 1년 동안 매달 많은 신인들에게 같은 교육을 하게 되었는데 그때 나에게 교육을 받았던 사람들이 대부분이 많은 성과를 내고 본인이 하고자 했던 것보다 더 큰 성과를 내며 활동을 한다는 소식을 들었다.

그때 교육을 받았던 교육생들 중에 입사 1개월 차부터 기본에 충실하며 시작하던 젊은 친구는 주간 3W를 100주 이상 하고 있는 것으로 알고 있고, 다른 한 분은 신인을 트레이닝하는 코칭 매니저로 활동을 하고 있다. 그 외에도 많은 교육생들이 자기를 발견하고 꿈을 이루려는 노력으로 큰 성과를 내며 활동을 하고 있는 것으로 알고 있다.

교육 과정 중에 내가 재미삼아 들려주는 이야기가 한 가지 있었다. 지금도 그러한지 확인을 해 보지 않았지만, 대구 시내에 위치한 공원에는 연세가 높으신 어르신들께서 많이 가시는 공원이 몇 곳이 있다. 달성공원 안쪽에는 무료급식을 해 주는 곳이 있는데 그곳에는 자원봉사자가 나눠주는 무료 급식을 받아서 하루 끼니를 해결하며 생활을 하시는 분들이 모이신다. 달성공원 앞에는 소주나 막걸리를 한 잔씩 파는 가게도 있다고 한다. 두류공원이라는 곳에는 장기나 바둑 내기를 하시는 분들이 많이 모이신다. 조금의 용돈으로 내기 바둑을 하시거나 판돈으로 소주 한 병을 사서 나눠 드시는 정도로 하루를 보내신다고 한다. 중앙공원이라는 곳도 있는데 그곳은 시내에 위치하고 있어 지하철이나 대중교통을 타고 오시는 분들이 많으시다. 공원 인근에 어르신들께서 가는 나이트도 있다. 에스컬레이터까지 설치되어 있는 지하 나이트의 입장료에는 남녀 구별이 있다. 할아버지는 2,000원, 할머니들은 무료입장이라고 한다. 음료비는 2,000원이고 가방을 맡기는 데는 500원이 든다고 한다.

중앙공원에는 낮 시간에 가면 할머니 할아버지들께서 데이트를 하시며 벤치에 앉아 계시는 장면을 볼 수가 있다. 아침에 지하철을 타고 중앙로역에 내려서 도보로 5~10분만 걸으면 신나는 음악이 나오는 곳에 갈 수 있으니 많이들 오신다. 콜라텍에서 댄스도 즐기시고 재수 좋은 날에는 멋진 분과 부킹이 되어 점심 식사도 하시는 것이다.

멋쟁이 파트너를 만나는 날에는 만오천 원짜리 생태탕을, 그만큼의 여유가 되지 않는 분들은 6~7천 원짜리 따로국밥이나 굴국밥을 점심식사로 즐기신다. 그나마 이렇게 외식을 하며 시간을 즐기실 수 있는 어르신들은 행복한 노후를 즐기시는 게 아닌가 싶다.

몇 년 전부터 신전둔지 대봉교 인근이나 복지센터에는 게이트볼 을 치시는 어르신도 많아졌다. 자녀들을 출가를 시키고 여유가 있으신 어르신들은 오전에 운동 삼아 게이트볼을 치고 점심에는 맛집에서 식사를 한 뒤 사우나까지 하시는 것이 하루 일과인 듯했다.

하루 식사를 준비하기 위해 불편하신 몸으로 폐지를 모으고 계시 는 어르신들을 생각하면 공원에서 산책을 할 수 있는 여유가 있으신 어르신들은 여유로운 생활을 하시는 거다.

아마도 젊으실 때 열심히 일하시면서 노후 준비를 해 놓으셨기 때 문이 아닌가 생각이 된다. 지금 우리도 일을 하는 첫 번째 이유는 먼저 경제적으로 안정된 삶과 노후의 여유를 갖기 위함이 아닐까 생각이 든다. 일을 통한 성장, 가치 있는 삶을 위한 것도 있겠지만 말이다.

내가 일을 하는 이유가 예전에는 재산이 늘어가는 재미였다면 지 금은 '가슴 뛰는 내 삶을 살아가고 싶어서'이다. 내가 좋아하는 사람 들과 내가 하고 싶은 일을 하면서 '꿈 리스트'에 작성된 나의 꿈들을 하나씩 이루고 체크하는 것이 얼마나 행복한지 모른다. 경제력에 대 한 부분도 큰 부분일수 있지만 마흔 중반이 넘어가면서 가치 있는 삶을 살아가고 싶다는 생각을 하게 되었다.

내가 일을 통해 더 많은 경제력을 갖게 된다면 먼저 경험한 선배로 서 자녀를 키우는 방법들을 공유할 수도 있고, 지금보다 더 많이 나 누고 살 수도 있지 않을까 생각한다.

또한 평생을 부지런히 일하신 부모님을 지켜보면서 부지런함을 삶에서 배운 것처럼, 우리 아이들에게 가슴 뛰는 일을 찾아서 하는 내 모습을 보여 주고 싶다. 아이들에게 내가 좋아하는 일을 하면서 수입도 함께 얻는 삶의 모습을 보여 주고자 하는 것이 내가 일하는 이유이다.

이제는 일이 삶의 즐거움이라 느껴진다. 일이 있다는 것은 행복한 일인 것 같다. 그래서 돈이라는 대가를 받는 일만 일이라 단정하지 않는다. 누군가를 위해 봉사하는 것도 내 일이 될 수 있고 나눔을 실천하는 것도 내 일이 될 수 있다. 도자기를 빚어 야생화를 키우는 것도 내 일이 될 것이다. 일을 통해서 매일 조금씩 성장하는 나를 발견하는 것이 얼마나 가슴 설레는지 많은 분들도 느껴 보길 바란다.

가장이라는 짐의 무게

결혼을 하기 전에 포항 영업국에서 근무한 적이 있었다. 영업국에는 본사에서 공급되는 물품들도 많이 왔고 영업사원들 활동품으로 사용될 물품도 주문을 받는 경우가 많았다. 요즘은 택배가 잘 되어 있어 지점별 사무실로 배송이 되지만 예전에는 연말에 공급되는 벽걸이 달력이나 활동 물품들을 영업국에서 받을 때 매번 남자 신입사원들이 물건을 옮기느라 애를 썼다.

회사에 하역 노가다를 하러 출근한 것인가 싶을 정도로 한 주에 한두 번 큰 트럭이 도착하면 산하 영업소에 배포될 물품들을 옮기느라 여간 힘든 것이 아니었다.

그뿐 아니라 예전에는 보험영업을 할 때 마감 시기가 되면 임의로 작성하여 들어가는 계약들도 많았다. 그 시기에 보험 회사에 근무하던 영업소장들이 정말 힘든 직장생활을 하는 것을 지켜봤다. 아침부터 노가다나 다름없는 하역을 하고 나면 오전 시간이 훌쩍 지나간다. 영업 실적이나 신인 도입 때문에 윗분들께 전화를 받고 관리를 당하는 것도 모자라 저녁에 남아서 야근을 하기도 했다.

영업 실적이 부족한 사원이거나 지원 사원들인 경우, 일을 제대로 못 하면 큰소리로 야단을 맞는 경우도 봤고 심할 경우 욕설을 듣기도 하였다.

그때 생각했다. 나중에 어떤 사람과 결혼할지는 모르겠지만 남자들은 평생 가장으로서 무거운 짐을 어깨에 짊어지고 갈 텐데 결혼해서 집장만 할 때까지는 함께 그 짐을 나눠야겠다는 생각 말이다. 그래서 결혼하고 한 1년까지는 아기를 갖지 않도록 조심하고 그 뒤에 아기를 갖게 되더라도 출산하기 전까지는 함께 회사를 다녀 줘야겠다는 생각을 가지고 있었다.

근데 막상 임신을 해 보니 직장에 다니는 것이 그리 힘들지 않았다. 그래서 조금 더 다녀서 내 집 장만할 때까지는 다녀야겠다고 생각하고 힘든 일이 있어도 참고 다녔다.

처음 결혼 생활을 시작할 때는 제로에서 시작을 했지만 내가 함께 일을 하면 금방 돈을 모을 수 있을 거라 생각했다. 서른이 될 때는 30평 아파트에 입주하겠다는 게 목표였다.

옛 어른들께서 하시는 말씀처럼 셋방에서 시작해서 집을 키우는 재미도 느껴보고 싶었다. 부모님의 도움을 받지 않고 우리 둘이서 집 장만을 하고 싶어서 매달 수입의 70%를 저축했던 것 같다. 신기하게도 계획했던 것처럼 98년 6월에 결혼을 해서 5년 뒤 내 나이 서른하나인 2003년 5월에는 분양 받은 아파트에 입주를 할 수 있었다. 너무 기뻤다.

결혼 후 시댁 아래층 셋방에 3년쯤 살 때나, 회사 근처 주택에서 살 때도 친구들이나 친정 식구들을 편하게 집으로 초대하지 못했었다. 새로 입주한 아파트는 방도 세 개나 되고 거실도 넓었다.

아이들이 한둘 태어나면서 밖에서 모임을 갖는 것이 쉽지가 않아서 남편 직장 동료들 모임을 우리 집에서 자주 갖게 되었다. 혼자 직장생활을 하는 것보다 아내가 함께 직장생활을 해 주니 남편도 든든하게 느끼는 것 같았다. 결혼을 하면서 아내가 직장을 그만둔 부부들은 점점 모임에 나오는 횟수가 줄어들 수밖에 없는 것 같았다. 매번 모일 때마다 드는 경비가 부담으로 다가왔을 것이기 때문이다.

아내들은 어느 정도 직장을 다니다 아이들을 출산하면서 직장을 그만둘 수 있지만 남편들은 그렇지 못했다. 평생 가장으로서 그 짐을 지고 가족들을 먹여 살려야 하는 부담감이 얼마나 클까 생각하니 쉽게 회사를 그만둘 수가 없었다. 그렇게 맞벌이를 한 덕분에 결혼 5년 차에 내 집을 마련하게 되면서 이제 좀 쉬어 볼까 생각도 하였다.

첫아이가 아들이고 둘째가 딸이면 둘째를 출산하면서 이제 집에서 아이들을 키울까 생각도 했었는데 둘 다 아들이라고 하니 고민이 되기 시작했다. 새로 입주한 아파트는 달서구였다. 둘째가 당연히 딸이라고 생각하고는 그곳에서 터를 잡고 살아야지 생각했었는데 또 고민이 시작됐다. 아들이 둘이면 학군이 좋은 곳으로 이사를 가야겠다는 생각이 든 것이다. 그렇다면 또 남편 혼자 회사를 다녀야 될까? 고민이 되었다. 결국 첫아이가 초등학교에 들어가기 전에 수성구로 이사를 가야지 마음을 먹고는 주말마다 남편과 컴퓨터 앞에 앉아서 학군이 좋다는 수성구 아파트의 가격을 살펴봤다.

초·중·고등학교도 가까이에 있는 곳을 살펴보고 여기면 딱 좋겠다는 생각에 아파트 시세를 살펴보니 웬걸 지금 우리가 입주한 아파트의 2~3배가 되지 않는가. 남편과 나는 직접 부동산을 찾아다니며 집을 알아봐야겠다고 생각하고 토요일 오전에 길을 나섰다.

회사와 가까운 거리면 좋겠다는 생각이 들어서 수성1가의 롬바드 맨션이라는 5층짜리 아파트가 눈에 들어왔다. 근처를 둘러보니 부동산 사무실도 없고 하여 무작정 관리실로 들어가서 관리실 아저씨에게 여쭤 봤다.

"실례합니다. 아저씨. 혹시 여기 집 나온 거 없나요?"

"여긴 따로 집을 내놓지 않습니다."

"왜요?"

"여긴 거주하시는 분들만 계시지 따로 매매가 안 되는 아파트입니다."

라고 말씀하셨다.

의아해하며 되돌아 나오는데 1층 주차장에 세워진 차량들이 눈에 들어왔다. 고급 차량이 쫙 깔린 게 아닌가. 우리가 타고 간 차는 EF소나타였는데 아파트 주차장의 차량들은 에쿠스, 벤츠, BMW 등 고급 승용차들뿐이었다.

순간 우리가 잘못 왔구나 싶어서 얼른 차를 돌려 나와서 집에 돌아와 검색을 해 보니 그 당시 5~6억 정도의 가격으로 우리 집보다 4~5배의 금액이며 평수도 넓은 평수만 있었다. 우리 부부는 배를 잡고 웃었다. 아무것도 모르는 젊은 부부가 수성구의 가장 비싼 아파트로 집을 보려고 갔던 웃지 못할 에피소드였다. 인근 지역에 살았더라면 대충 소문이라도 들어서 알았을 텐데… 달서구에 살다 보니 몰라서 그런 경험도 해 보았다.

어쨌든 둘러보다 황금동 롯데캐슬 신축아파트를 찾게 되었고 일반 분양권을 소개받아 프리미엄을 주고 입주를 하게 되었다.

둘째를 낳고 쉬어 볼까 생각도 했었는데 수성구로 이사를 하다 보니 처음에 분양받았던 집보다 2배의 집값이 짐으로 남았다. 그 짐을 남편에게만 지게 할 수 없어 2억이 훌쩍 넘는 대출금을 상환할 때까지만 함께 또 일을 다니기로 했다.

나이 서른에는 서른 평 아파트에 살고, 나이 마흔에는 마흔 평 아파트에 살고 싶다는 생각을 했었는데 생각한 그대로 이루어졌다. 새로 이사 온 집은 정남향으로 21층 맨 꼭대기 층이었다.

거실 앞에 다른 건물이 없어 탁 트였고 바로 앞에 산이 보여 거실에서 내려다 본 전망이 너무 좋았다. 내가 꿈꾸는 대로 이루어지는 것이 신기할 정도였다.

입주하기 전, 남편과 나는 자주 새로 이사 올 아파트에 구경하러 왔었다. 아파트 단지 내에 초등학교, 우체국, 경찰서도 있었다. 박물관 옆이라 아이들과 산책하기도 좋은 환경이었다. 아파트 대출은 있었지만 그래도 둘이 맞벌이를 하다 보니 다른 친구들에 비해 빨리 집을 장만하게 되었다. 그것도 학군 좋은 수성구에 40평대 아파트로 입주를 하고 보니 회사 다니는 것이 즐거웠고 감사했다.

처음에는 가장인 남편의 짐을 조금이나마 덜어 주려는 마음에 내가 조금 힘들더라도 회사에 다녔다. 그렇게 좀 더 좋은 환경이 되고 또 둘이 직장생활을 하다 보니 이곳까지 꿈꿀 수 있었던 게 아닌가 수성구로 이사를 오면서 너무 좋았다.

우리 부부가 결혼할 때는 제로에서 시작했는데 학군 좋은 수성구의 40평대 아파트로 이사를 오게 된 것도 너무 기뻤다. 내가 직장생활을 할 수 있도록 월말마다 영덕에서 대구로 오셔서 아이들을 봐 주신 친정 엄마께도 감사했다.

이사를 들어오던 날 남편의 승진 소식도 듣게 되었고 지금까지 이곳에서 잘 살고 있어 나는 지금 살고 있는 우리 집이 너무 좋다. 다들 자녀가 있는 학부모들은 수성구로 이사를 올까 한 번쯤은 고민을 하게 되는데 개인적으로 강력하게 추천한다. 다른 곳보다 물가가 조금 비싼 것은 사실이지만 아이들을 좋은 환경에서 좋은 친구들과 공부를 시킬 수 있다는 것에 만족하기 때문이다.

이렇듯 가장의 짐을 부부가 함께 나누는 방법도 있다. 너무 두려워 말고 자녀들을 좋은 환경에서 공부를 시킬 기회를 만들어 줄 수 있다면 그렇게 하는 것이 좋다고 생각한다.

가정에 수도꼭지가 몇 개나 되는지 헤아려 본 적이 있는지 물어 보고 싶다. 만약에 가정에 한 개의 수도꼭지를 두고 그 물로 밥을 지어 먹고, 설거지를 하고, 세수를 하고, 세탁기를 돌리며 생활하라고 하면 얼마나 불편할까. 가정의 수입원도 마찬가지라 생각된다. 물론 가장의 수입이 콸콸콸 물이 잘 나오는 수도꼭지면 다행이지만 쫄쫄쫄 조금씩 나오는 수도꼭지라면 아내도 함께 가정의 수입원 역할을 할 수 있도록 준비하는 것이 옳다고 생각된다.

요즘은 개천에서 용이 나오는 일이 절대로 없다고 한다. 부모의 경제력에 따라 아이들의 인생의 출발선이 달라지는 시대다. 그뿐만 아니라 우리들의 노후준비도 필요하기 때문이다.

두 배로 노력해야 보통이 된다

오랜 시간 동안 직장생활을 할 수 있었던 것은 많은 분들의 도움 덕분인 것 같다.

아이들이 어릴 때는 시댁 어른들과 친정 엄마의 도움을 많이 받았다. 친정 엄마는 시골 일이 바쁘신데도 월말이면 모든 일을 접어 두고 대구에 와 주셨다. 오실 때마다 직장을 다니느라 못한 집안일들을 해 주셨다. 청소에 밑반찬까지 챙겨 주시며 딸을 위해 우렁각시 노릇을 해 주셨다. 큰아이가 초등학생이 되고 둘째는 아파트 단지 내에 어린이집을 보냈는데 아이들 어릴 때 돌봐주신 어린이집 선생님들께서도 얼마나 아이들을 잘 챙겨주셨는지 모른다. 일하는 엄마들의 마음을 잘 아서서 퇴근이 늦어지는 날이면 우리 아이들 저녁밥까지 챙겨 먹여 주시기도 하셨다.

남편 혼자 가장의 짐을 지는 것이 힘겨워 보여서 도와주고자 해온 직장생활이었는데 언제부턴가 내가 이루고 싶은 목표가 생기고, 이루고 싶은 꿈을 위해 일을 한다는 느낌을 받았다.

일하는 데 더 몰입하는 나에게 남편은 늘 이야기했다.

"명숙아. 잊지 말아라. 우리가 이렇게 일을 하는 것도 아이들과 행복하게 지내기 위함이다. 회사에 몰입하는 것도 하루 이틀은 괜찮지만 계속 그렇게 하는 것은 원하지 않는다."

남편은 늘 나를 응원해 줬다. 자기에게 소홀할 때도 이해해 줬다.

하지만 아이들에게 소홀할 때면 가끔 이렇게 이야기하곤 했다. 남편의 말이 틀린 것이 아니라는 것을 잘 알기에 직장생활을 한다고 티를 낼 수가 없었다.

저녁에 퇴근하는 길에 운전을 하면서 생각을 한다.

'냉장고에 반찬이 뭐가 있었더라? 계란이 있었던가? 그럼 오늘은 계란 부침을 해서 애들 저녁을 먹여야지. 아니면 반찬 가게에서 밑반찬 몇 가지를 사서 갈까?'

이렇게 운전을 하면서도 집에 들어가서 할 일들을 생각했다. 이어폰을 꽂고 집에 전화해서 아이가 받으면 엄마가 곧 도착하니 집안 정리를 좀 하라며 고사리 같은 아이의 손도 빌리기도 했다.

퇴근하는 길에 찜닭 집에 주문전화를 해놓고 찜닭을 포장해가기도 하고 가끔은 퇴근이 늦을 때는 아파트 단지 슈퍼에 전화를 해서 오뎅이나 햄, 계란, 과일, 우유 등 배달을 부탁하기도 했다 아이 혼자 엄마가 오기 전에 허기라도 달랬으면 하는 마음에 집에 도착하자마자 요리를 할 수 있도록 준비한 것이다.

직장을 다니느라 아이들에게 소홀하고 싶지 않은 엄마들의 마음이었다. 남편에게도 직장 여성이라고 집을 엉망으로 해놓고 다니는 모습을 보이고 싶지 않았다. 퇴근하면 얼른 아이들을 씻기고 식사를 챙긴 뒤 집안 청소까지 해냈다. '슈퍼 우먼'이라도 된 것처럼 왔다 갔다 정신없이 하루를 마무리했다.

아이들이 초등학교 저학년일 때는 학교 홈페이지에 등록된 학급 홈페이지에 들어가서 오늘 숙제는 무엇인지 내일 준비물은 없는지 확인하곤 했었다. 아이가 집에 돌아올 시간에는 집으로 전화를 해서 오늘 학교에서 있던 이야기도 들었고 틈틈이 아이들을 케어했다. 몸은 직장에 있어도 신경은 하루 종일 아이들에게로 향해 있었다.

첫 시점장으로 발령을 받아서 대평로 지점에서 지점장을 맡게 되었을 때 생각이 난다. 지점장 후보 교육을 받고 첫 지점장 발령을 받은 곳이었다. 그때는 주말부부였기 때문에 교육 과정이 힘들어도 남편에게는 힘들다는 이야기도 못 했고 지점에 걱정거리가 있어도 남편에게는 여유 있는 모습을 보이려고 했다. 내가 좋아서 시작한 일이니 힘들더라도 혼자 참아야 했다.

7시까지 출근을 하려면 아이들을 일찍 깨워서 옷 입히고 식사까지 챙겨놓고 나왔어야 했다. 문제는 둘째의 유치원이었다. 유치원 차가 8시 40분쯤에 아파트 도로 변에 도착했는데 그 시간은 출근한 사원들에게 교육을 진행해야 하는 시간이었다.

엄마는 교육을 진행을 해야 하니 지점 내 지원담당 여사원에게 시간이 되면 우리 집에 전화 부탁을 하기도 했다. 매일 아침 8시40분이 되면 총무님이 우리 집으로 전화를 해서

"희승아, 유치원 차 올 시간이다. 지금 나가라."

둘째는 사무실 여사원인줄도 모르고

"네, 엄마. 유치원 다녀오겠습니다."

라고 인사를 하기도 했다.

혹시나 아이가 피곤해서 잠들기라도 할까 봐 아침조회를 시작하기 전에 집으로 전화를 걸어 작은 아이가 잠을 자는 건 아닌지 확인을 하기도 했다. 그 당시 둘째는 6살 어린 나이였지만 8시 30분에 알람이 울리면 유치원 차를 타러 나가는 것이라고 몇 차례 이야기를 해주니 시간이 되면 나갈 준비를 하며 잘해 줬다. 매일 아침에 우리 집으로 전화를 해 준 황정미 총무에게 정말 고마웠다.

처음 지점을 맡다 보니 열정도 컸고, 공채 여사원 출신으로는 처음 지점장을 맡다 보니 내가 잘 해내야 후배들에게도 길이 열린다는 생각에 정말 열심히 했었다. 많은 여성들이 직장에서 선배 역할을 맡으면 더 큰 책임감을 느끼고 두 배의 노력을 기울이며 애를 쓴다는 것을 알 수 있었다.

나는 설계사분들보다 나이가 어렸지만 그래도 FP지점에서는 부모 역할을 하는 사람이니 아낌없이 그분들을 챙겨 드리려고 노력했다. 출근하시는 설계사분들도 집에서는 엄마이지만 지점에서는 나를 믿고 활동을 하고 내가 보듬어야 할 분들이며 내가 챙겨야 할 분들이었다. 그런 생각으로 매일 아침마다 설계사분들이 드실 수 있도록 먹거리를 준비했다.

쌀을 씻어 밥을 해두고 집에서 미리 준비해온 돼지고기 김치찜을 데워주기도 하고, 어머니께서 김장 김치를 보내주시면 회사로 싸 오기도 하고, 주말을 보내고 출근하는 아침에는 잡채도 만들어 왔다. 맛있는 것이 있으면 나눠주고 싶어서 무엇이든 가져왔다.

음식을 준비하지 못하면 빵가게에서 빵이라도 준비해 아침에 모닝커피와 빵을 먹을 수 있도록 준비를 했다. 여성 조직이다 보니 같은 성별의 젊은 여성 지점장은 더 애를 쓰고 그분들을 품어야 어느 정도 따라 오는 것 같았다. 젊은 여성 지점장은 200%의 에너지를 쏟아야 사원들이 조금씩 움직여줬다. 그분들의 수입이 오르길 바랐고, 나와 함께 일할 때 즐겁게 일할 수 있게 만들어 주고 싶었다.

내가 지점장으로 일하면서 지점장이라는 보직 덕분에 나오는 모든 인센티브를 쏟아서 지점을 살리고자 애를 썼다. 나의 정성이 통했는지 지점이 점점 활기를 찾았고 신입사원들도 들어왔다. 처음 지점에

왔을 때는 본부 내 75개의 지점 중 72등의 영업성과를 기록하던 지점이 1년 만에 본부 내 34등의 영업성과를 보이는 게 아닌가. 매일 7시 전에 출근을 하고 저녁 늦게 퇴근을 했지만 정말 재밌게 일했던 것으로 기억한다.

어떤 일이든 서로의 마음이 통해야 뭔가를 이루어 낸다는 것을 경험하게 되었다. 세상에 절대 혼자서 이룰 수 있는 것은 없으며, 우연히 성장하는 사람은 아무도 없다는 것을 알게 되었다. 그때의 그 경험들이 지금까지 내가 살아가는 데 많은 도움이 되었던 것 같다.

뭔가를 시작할 때는 분명한 목표가 있어야 하며, 혼자가 아니라 모두가 함께 성공하는 선한 영향력을 미치는 리더의 역할이 얼마나 중요한지도 깨달았다. 어느 자리든 본인 혼자서 이루는 것이 아니다. 매일 아침마다 우리 아이에게 전화를 해 주던 총무의 도움이 없었더라면, 사원들 한 분 한 분이 젊은 지점장을 믿고 함께 움직여 주지 않았더라면 이런 일이 가능했을까?

또한 나보다 먼저 지점을 경영하던 선배 지점장의 도움도 많이 받았다. 누군가가 먼저 걸어가 보신 분의 노하우가 처음 하는 사람에게는 얼마나 큰 힘이 되는지 잘 알기에 나 역시도 내가 경험한 많은 것들을 나보다 나중에 하는 사람들에게 나누려고 하는 편이다.

자녀를 키우는 노하우든, 인생 2모작 준비에 대한 부분이든, 먼저 걸어본 선배가 알려 줄 수 있는 부분이라고 생각한다. 누군가가 선한 영향력을 나누게 되면 그렇게 도움 받은 사람은 또 다른 사람에게 나누게 된다는 것을 알기 때문이다.

여성으로서 사회생활을 한다는 것이 쉽지만은 않았던 것 같다. 아이들을 키우는 엄마의 역할도 해야 하고 가정일, 회사일 모두 두 배의 노력을 기울여야 그나마 잘 했다는 이야기를 들을 수 있다. 어느 정도 안정기를 찾기 전에는 힘들어도 힘든 내색을 하지 않았고 자신과의 싸움을 했던 것 같다. 그 임계점을 넘겨 보면 많은 것을 얻을 수 있게 된다.

여성 지점장이 아닌
동료 지점장일 뿐이다

무조건 열심히 하는 것이 최선이라고 생각하는 신임 지점장을 지켜보는 선배 지점장들도 '저렇게 하다 시들해지겠지… 3개월 정도 하다 보면 벽에 부딪히겠지… 저렇게 한다고 다 되는 건 아니야'라고 생각했을지 모른다.

아직 경험이 없다 보니 지점장 회의 때 높은 목표치를 들고 와서 어떻게든 해 보려고 애를 쓰던 내 모습이 아직도 눈에 선하다. 머리도 좀 식히고 차도 한 잔 마실 여유를 갖는 것이 중요한데, 배운 대로 열정만 가득 찬 신임 지점장으로서 보내는 하루는 나를 위한 시간을 잠시도 허용하지 않았다.

늦은 시간까지 회식을 한 다음 날에도 매일 같은 시간에 회사에 들어섰다. 양손에는 사원들과 나눠 먹을 먹거리를 가득 들고 또각또각 구두 소리를 내며 지하주차장에서 엘리베이터를 타고 지점으로 향했다. 층별 전등을 켜느라 부산하게 움직이다 나와 마주친 경비 아저씨와 인사를 나눴다.

"언제 퇴근하시고 또 이렇게 일찍 오신 거예요?"

늦은 시간까지 경비를 하시다 잠시 자리에서 졸고 계시던 경비 아저씨는 몇 시간 전에 조용히 지하 주차장으로 가던 나를 못 본 모양이다.

"수고 많으십니다."

늘 건물에서 가장 늦게 나가게 되어 경비 아저씨들이 소등하시는 모습을 봤던 나는 아침에 아저씨들을 뵐 때마다 죄송한 마음이 들기도 했다. 늦은 퇴근도 하루 이틀이지 누군가가 건물에 남아 일을 하고 있게 되면 건물 경비를 하시는 아저씨들 입장에서는 아무래도 신경이 쓰이게 마련이다. 더 남아서 일을 챙기고 싶을 때도 늦은 밤까지 근무하시는 경비 아저씨들께 죄송하여 12시를 넘기지 않고 귀가를 하곤 했다.

지점장으로서 어떤 행사 자리든 뒤로 빠지는 모습을 보이지 않고 신임 지점장다운 패기를 보이려고 노력했다.

다시는 술을 마시지 않을 것이라고 다짐을 했던 에피소드가 있다. 지금 생각해도 아찔한 경험이다. 4월에 지점장으로 부임해서 3개월 정도 지점을 운영한 시점이었다. 영업성과가 부진한 지점일수록 사원들이 일하도록 만드는 일이 여간 어렵지가 않다. 영업이 잘 되는 지점은 마른 장작에 불을 피우듯이 작은 불쏘시개만 있어도 불이 잘 붙고 단숨에 불이 활활 타오른다. 하지만 영업이 힘든 지점은 여름에 장맛비에 젖은 소나무에 불을 지피는 느낌이다. 여름이라 나무 안에도 물이 흥건한데, 며칠간 비까지 맞아 몸통 전체가 물기로 퉁퉁 불어 있는 젖은 나무에 불을 때는 느낌을 생각하면 된다.

햇감자, 양파, 옥수수가 나올 때면 20kg짜리를 사원 숫자대로 주문을 해서 나눠줬다. 농산물에 묻은 흙이 카펫 바닥에 들어가지 않게 신문과 야외용 돗자리를 깔고 작은 택배박스에 담아 고객에게 보내는 작업을 하기도 하고 밤새워 만든 조회 자료들, 전단 자료 등으로 교육을 시켜보기도 했다. 설계사분들께서 활동을 나가실 때 엘리베이터 복도까지 한 분 한 분 다 배웅을 하며 애를 썼다. 하지만 지난봄에 씨를 뿌려놓지 않은 농부의 밭에는 싹이 보이지 않았다.

지난봄에 뿌린 씨앗이 없다는 것을 알게 된 농부는 씨앗을 뿌리기 위해 자갈밭의 자갈도 골라내고 새로운 퇴비도 넣어가며 굳어 있던 밭을 일구느라 바쁘게 움직인다. 새로운 씨를 뿌리면 열매가 열린다는 기대감으로 일을 하느라 쉬지도 않고 때를 놓쳐도 배고픈 줄 모르며 일을 하는 것이다. 나도 그때는 그런 농부처럼 일했다. 몸은 힘들지만 희망을 품고 일하는 것이 이런 것이구나 느낄 수 있던 시간이다.

새로 부임하신 본부장님께서 소주를 즐기신다는 소문을 들었다. 여성 지점장이라 봐준다는 꼬리표를 달지 말아야지 하는 생각에 식사 자리가 마련된 그 날 오후, 사무실 인근 약국에 들러서 위장을 보호하는 약과 숙취 회복에 좋은 약들을 사 와서 미리 가방에 넣는 예약된 식당에 도착을 했다.

우리 집과 가까운 두산오거리에 있는 '남선옥'이라는 식당의 주차장에 주차를 하고 화장실에 들러서 미리 준비한 약을 미리 마신 뒤 심호흡을 한두 번 크게 하였다. 무슨 전쟁터에 나가는 사람처럼 힘이라도 모으듯이 혼자만의 의식을 화장실 안에서 조용히 마치고 나왔다.

작은 소주잔으로 두세 잔 술잔이 비워지고 나니 테이블 한쪽에서 미리 예정되어 있던 통과의례가 준비되고 있었다. 소주 한 병을 맥주글라스 두 잔으로 나눠 담은 유리잔이 내 앞에 도착했다. 놀라지 않고 자연스럽게 여유로운 척 받고는 열댓 명의 지점장들 사이에서 단숨에 잔을 비웠다. 순식간에 비워진 유리잔을 내려놓자 지점장들이 박수를 쳤다. 순간 가슴이 벌렁거렸고 마지막 소주가 목을 타고 내려가자 입 안 가득한 소주 냄새에 구역질이 날 것 같았다. 억지로 미소를 지으며 함께 박수를 쳤다. 지금 생각하면 참 재미있는 회식 문화였다.

'한잔 했으니 끝났겠지' 생각하며 앉으려는 순간 누군가가 빈 잔에 또 소주를 따르는 게 아닌가. '콸콸콸콸' 방금 비워진 글라스에 술이 다시 채워졌다. 돌아보니 살짝 기침을 하는 사람, 놀란 듯이 눈을 뜨고 또 마시냐는 눈빛을 보내는 사람들이 있었다. 나는 자연스럽게 또 받아들였다.

이번엔 파도타기를 한단다. '나에게 와서 그 파도가 끊기는 일은 없어야 돼' 생각하며 정신을 차렸다. 또 한 번 술을 단숨에 마셨고 파도 타기가 끊기는 일은 발생되지 않았다. 하지만 나는 필름이 끊겼다. 두 번째 잔을 마시고 잠시 자리에 앉자 그때부터 온몸이 나른해지면서 머리도 핑 돌며 울렁거리는 속을 어떻게 할 수가 없었다. 일단 밖에 있는 의자에 잠시 앉아 눈을 감았는데, 그 이후로 기억이 나지 않는다.

그날 어떻게 집으로 돌아 왔는지 기억나지 않는다. 중간 중간 차를 탔던 기억과 도로 변에서 우리 집을 찾느라 동료 지점장이 차를 세워 내린 기억, 어렴풋이 남편이 1층에 나오는 걸 본 기억만 있다. 집에 어떻게 들어왔는지 어떻게 씻었는지도 기억나질 않는다. 밤새 화장실에서 침대와 화장실을 오가다 기절을 한 것 같다. 이런 경우가 없었던 아내를 보며 남편도 걱정을 많이 했을 것이다.

새벽같이 나가서 밤늦은 시간까지 뭔가를 해 보겠다고 애를 쓰고 들어와서는 도대체 몇 시간을 자는지도 모르게 새벽에 잠시 누웠다가 일어나 나가는 아내를 지켜보는 남편도 마음이 편하지 않았을 것이다. 남편에게 미안하기도 하고 고맙기도 했다.

그다음 날 아침에는 일어날 수가 없었다. 원래대로라면 남편보다 먼저 출근했어야 하는데, 등이 침대 이불에 붙어 버린 것 같다는 생각이 들 정도로 도대체가 일어날 수가 없었다. 누워 있는데도 천장이 계속 빙빙 돌아가고 내 몸을 내 마음대로 할 수 없었다. 더 토해 낼 것도 없는데 구역질만 계속 올라왔다.

핸드폰을 찾아 겨우 사무실 여사원에게 전화를 걸어 오늘 몸이 너무 안 좋아서 도저히 출근을 할 수 없겠다고 전화를 했다. 여사원은 걱정스런 목소리로 몸조리를 잘 하라고 했다. 사원들에게도 몸이 안 좋아 못 나온다고 전해 줬다. 부임 후 3개월 동안 애쓰는 걸 지켜본 사원들을 그럴 만도 하다며 지점장이 너무 무리를 하셔서 쓰러지신 거라고들 했다.

의도하지 않았지만 이 사건으로 인해 지점을 살리려고 하는 지점장의 마음을 사원들이 알아주기 시작했고, 일을 좀 하자는 마음들이 모아지기 시작했다. 사정이 이렇다 보니 못 나간 이유가 술 때문이라는 진실을 말하지 못하게 되어 버렸다. 이제부터 농부의 밭에는 자갈돌들도 남아 있지 않았고 땅도 쩍 갈라진 한겨울의 땅이 아니었다. 그때부터 뿌린 씨앗들은 싹을 틔우기 시작했고 아무것도 없던 밭에 연둣빛 잎이 한둘 나기 시작하더니 어느새 꽃이 피기 시작했다. 사원들에게 말하지 못한 웃지 못할 뒷이야기다.

통과의례와 같은 본부장님과의 회식 때 필름이 끊긴 사건 이후, 남자 지점장들과 똑같이 단숨에 글라스를 두 잔을 비운 일 덕분에 동료 지점장으로 인정받는 느낌이 들었다. 그 뒤로 술버릇이 생겼다. 어느 자리에서든 기분 좋을 만큼 술이 취한다는 느낌이 들면 우리 집 주소를 이야기하는 버릇이 생긴 것이다. 같이 술 마시는 사람들에게 이야기도 한다.

"제가 어느 순간 우리 집 주소를 이야기 하면 술이 취했다는 것이니 집으로 잘 데려다 주세요."

라고 말이다.

그래서 나와 자주 술을 마신 사람들은 기억한다. 우리 집 주소를.

"황금동 롯데캐슬 4단지…"

조금 더 취한다 싶으면 동, 호수까지 이야기를 한다. 물론 핸드폰의 단축버튼을 눌러 집으로 전화를 할 수도 있지만 늦은 시간까지 지점사원들을 챙기고 마시다 보면 나도 모르게 술이 나를 삼키게 되지 않을까 하는 걱정이 되기 때문이다. 동료 지점장들이 그때처럼 우리 집을 찾느라 고생하는 일이 없도록 해야 한다는 생각이 들었던 것이다.

파도타기가 끊어지지 않게 하려다 내 머리 필름이 끊긴 날은 그날이 처음이자 마지막이었지만 그날 집까지 나를 챙겨서 데려다준 동료 지점장들과 힘든 영업을 함께 해오면서 서로 격려해 주던 동료 지점장들의 마음을 나는 평생 잊지 못할 것이다.

가장으로서 그들이 아내에게 표현하지 못할 힘든 점이 얼마나 많은지 나는 함께 그 시간을 보내며 비록 알게 되었다. 영업이 힘든 지점일수록 지점장들이 얼마나 마음고생을 하는지, 남성 지점장들이지만 엄마와 같은 마음으로 사원들에게 도움을 주고자 얼마나 고민을 하는지는 해 본 사람들만 안다.

그때 나와 함께 지점장을 했던 연배가 같았던 지점장들이 그리울 때가 있다. 그때를 생각하며 눈을 감으면 힘든 상황을 이겨내려고 애썼던 지점장들의 애잔한 모습들이 보인다.

영업하는 회사의 지점장들이 얼마나 힘든지 아내 분들이 알았으면 하는 마음이다. 시점의 모든 싱과책임은 지점장의 몫이디. 영업성과가 부진한 지점의 동료 지점장일수록 힘들어할 때 짠한 마음이 들었다. 나 역시도 부진점포를 맡아 봤기에 얼마나 힘들지, 고민이 많을지 알기 때문이다.

제 3 장

지금에
충실한
삶

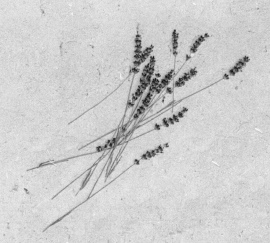

차분하면서도 경쾌한 이루마의 피아노 멜로디가 따뜻한 커피 한 잔과 너무나 잘 어울리는 아침시간이다.

자주 가는 카페에 있는 책상이 좋아서 줄자를 가지고 책상과 의자 사이즈를 측정을 했다. 같은 사이즈로 주문한 원목책상이 우리 집 거실에 놓여 있고 여기에 앉아서 글을 쓰고 있는 지금이 누구보다 행복하다. 지금 일이 없다고 불안해하지도, 조급해 하지도 않는다.

아침에 눈을 떠 아침을 맞이함을 감사히 생각하며 아직은 부모품 안에서 살고 있는 아이들 방에 들어가 아이들을 깨울 수 있는 것도 감사하다. 멀지 않은 시간에 아이들이 대학이나 직장을 따라 다른 곳으로 가게 된다면 지금 누리는 평범한 일상도 느낄 수 없는 행복이 아닌가. 많은 사람들이 새해가 되면 새해 첫날 떠오르는 태양을 보며 소원을 빈다.

'가족 모두 건강하게 해 주시고요. 바라는 모든 것들 이룰 수 있도록 해 주세요. 올해 고3인 아들이 좋은 성적을 얻어서 원하는 좋은 대학에 갈 수 있도록 해 주시고요. 취업 준비 중인 아들은 올해 꼭 취직되게 해 주세요. 시집 못 간 딸은 올해 좋은 인연 만나서 좋은 가정 꾸밀 수 있도록 도와주세요. 회사 다니는 남편이 직장에서 승진할 수 있도록 해 주시고요. 사업하는 남편은 사업 더 번창하게 해 주세요. 다른 큰 욕심 없습니다. 모두 건강하고 하는 일 잘 되게 해 주세요'라고 소원을 빈다.

이 소원들은 누가 이루어 줄까? 바로 당신이다. 새해 첫날 일출을 보며 스스로에게 다짐을 하고 매일 하루하루 삶을 충실하게 살다 보면, 한 해를 마무리 할 무렵에는 올 한 해도 열심히 살아온 나를 스스로 토닥거리며 안아 주지 않는가.

나를 행복하게 만드는 것은 멀리 있는 것이 아니다. 내가 좋아하는 것, 내 가슴을 설레게 하는 것을 찾아서 하는 것이 행복이 아닌가 싶다. 지금의 삶에 충실하며 평범한 일상 속에서 많은 행복을 경험하게 된다.

미래를 준비하는 시간들

　고등학교 때 막연하게 대한교육보험에 입사를 하고 싶다는 생각이
들었다. 그래서 이왕이면 공부를 잘하고 자격증도 많이 따면 회사에
서 나를 선택할 거라는 생각이 들었다. 내가 입사하고자 하는 회사
가 명확했기에 1학년 때부터 공부를 열심히 하기 시작했다. 학교를
마치고 집으로 돌아오면 엄마의 일손을 도와야 돼서 공부를 할 수
있는 시간이 충분하지는 않았지만 환경을 탓하기 보다는 그 속에서
도 나름 시간을 잘 활용했다. 수업시간에 절대 졸거나 딴짓을 하지
않았다. 학교에 있는 시간만큼은 내가 사용할 수 있는 시간이었기
때문에 그때만큼은 학교생활에 충실했다.

　뭔가 내가 하고 싶다는 생각을 하게 되면 나도 모르는 스위치가 켜
지고 움직이게 되는 것 같았다. 내가 하는 생각이 나를 지배했고 나
를 움직이게 하는 힘이 생겨났다.

　지금의 나의 모습도 예전부터 내가 상상하던 모습을 그대로 살아
오고 있다는 것에 가끔은 놀랍게 생각한다. 내가 생각하는 대로 내
삶이 그대로 펼쳐지고 있다. 사실은 생각만 한다고 해서 이루어지는
것은 아니다. 매일 조금씩 느리지만 나는 내가 되고 싶은 모습을 상
상하며 작은 날갯짓을 하고 있다.

　구체적인 부분까지 생각해 본 것은 아니지만 내가 하고 싶은 일들
이 몇 가지가 있다. 아이를 바르게 잘 키우는 엄마가 되고 싶고, 청소

년이 타고난 재능을 찾아 즐겁게 공부하는 것을 돕고 싶다. 지역사회에 선한 영향력을 미치는 여성리더가 되어 창업을 하는 분들이나 사업을 하시는 CEO의 시간을 관리해 주는 일, 대학에서 강의를 하는 일, 사람들이 평생 즐겁게 할 수 있는 천직을 찾아 주는 일들을 하고 싶다.

나와 함께 하는 모든 사람들이 꿈을 이루며 행복한 삶을 살아갈 수 있도록 도와주는 가치 있는 일을 하며 살고자 한다. 다른 사람을 가르치기 전에 먼저 배움을 통해 나의 역량을 키웠다.

지난 2016년은 나에게 배움의 한 해였다. 2017년 올해는 내가 하고 싶은 프로젝트에 맞는 콘텐츠를 만드는 일에 몰입할까 한다. 내 가슴이 뛰는 일을 하는 것이기에 힘든지도 모르고 어떻게 하면 시간을 더 잘 활용할 수 있을까 생각하게 된다.

아이를 바르게 잘 키우는 엄마가 되고 싶기에 먼저 아이들과 소통을 잘하는 엄마가 되려고 관련된 책을 읽기 시작했다. 『내 아이를 위한 감정코칭』이라는 책 속에서 중요한 문장을 찾게 되었고, 아이들과의 공감대 형성을 위해 한 가지 솔루션을 찾아 매일 그것을 실천하고 있다.

1일 3분 Miracle Hug!

엄마와 아이는 원래 한 몸이었다. 태어나면서 유선이었던 탯줄이 무선으로 된 것이다. 하루에 한 번씩 서로의 심장이 잘 뛰고 있는지 확인해 봐야 한다. 아이와 엄마는 서로의 심장소리를 확인하면서 설레게 된다.

짧은 시간 서로의 심장소리를 확인하면서 오늘 하루 특별한 일이 없었는지 아이에게 물어보면 자연스럽게 서로의 하루를 확인하는 소통이 시작된다. Miracle Hug를 통한 1일 3분간의 대화다. 오늘 하루 있었던 이야기를 엄마에게 할 수 있도록 분위기를 만들어 준다. 매일 이렇게 엄마와 대화하는 아이들은 바르게 잘 자라지 않을까 생각한다.

매일 하는 아주 작은 일이 아이들을 바르게 성장하는 데 도움이 될 것이라 생각하며 꾸준히 실천하게 된다. Miracle Hug를 통해 두 아이들의 이야기를 들으면 사실은 엄마인 내가 더 행복해지는 것 같다.

처음에는 우리 아이들의 재능을 찾고 그 재능을 키워주기 위해서 틈날 때마다 공부를 했는데, 이제는 다른 아이들에게 컨설팅을 해 줄 정도의 실력이 됐다. 내 아이를 바르게 잘 키우고 주위에 함께 하는 청소년들의 재능을 찾아 즐겁게 공부하도록 도와주는 일을 하고자 지금도 나는 공부를 하고 있다. 새롭게 알게 된 것들을 학생들에게 접목해 보면 학생들이 굉장히 즐거워한다. 그 모습을 지켜보면서 나름 보람을 찾게 된다.

미래에 내가 되고 싶은 모습은 저절로 되는 것은 절대로 아니라고 생각한다. 매주 1~2권의 책을 통해 내가 그동안 알지 못했던 많은 지식을 얻게 되었고 내가 다른 사람들보다 조금 더 알게 된 지식들을 함께 나누고자 한다. 지역사회에 선한 영향력을 미치는 여성리더가 되고자 오늘도 나는 나의 미래를 준비하고 있다.

한 가지 꿈을 꾸기에는 인생이 너무 길다. 스스로 자신의 꿈을 찾고 그 꿈을 성장시키기 위해서 우리는 과연 무엇을 하고 있을까? 한 번도 경험한 적이 없는 100세 시대에는 30년을 준비해서 30년 동안 일하고 40년이란 시간을 지혜롭게 살아야 한다. 40년이란 시간을 함께할 수 있는 동반자로서 공부는 누구에게나 특별한 대안이 될 수 있다. 사람들은 50대가 넘어가면 뭔가를 시작하기 부담스러운 나이라고 한다. 결코 그렇지 않다. 앞으로 30~40년 뒤에는 아마도 경제활동이 가능한 연령이 100세까지 늘어나지 않을까 생각한다.

하루 24시간을 100세의 인생에 접목하여 나의 인생시계는 몇 시를 가리키고 있는지 계산을 해 보자.

100세 시대 VS 하루 24시간 → 4.17년 VS 1시간

나의 인생시계 : 45세 / 4.17년 → 10.79시

현재 내 나이인 45세를 100세 시대 인생시계에 접목해 보면 오전 11시 전이다. 하루 24시간 중에 오전 11시면 마음만 먹으면 어떤 일이든 할 수 있는 시간이다. 비행기를 타고 제주도에도 다녀올 수 있는 시간이고, KTX를 타고 대구에서 서울로 볼일도 보러 갔다 올 수 있는 시간이다.

당신의 인생시계는 몇 시를 가리키고 있는가?

30대는 오전 7시, 40대는 오전 9시 30분, 50대는 낮 12시, 60대는 오후 2시 30분이다.

50대가 넘었다고 뭔가를 새롭게 시작하는 것을 두려워하지 말았으면 좋겠다. 나의 인생시계는 이제 겨우 정오를 가리키고 있다.

지금까지 내가 하고 싶었던 일이든 내가 꿈꾸는 일이든 무엇이든 좋다. 아니면 지금 하고 있는 일에서 내가 성장할 수 있는 일을 찾기를 바란다. 모든 것은 현장에 있다.

매년 한 해가 시작되기 전에 올 한 해 나만의 프로젝트 표를 만든다. 내가 하고자 하는 일을 고민하고 선택된 프로젝트에 집중해서 월별로 체크를 하며 나의 미래를 준비해 나간다. 어떤 일을 할 때든 그냥 소홀하게 대하지 않는다.

이제는 어떤 일을 시작할 때 더 많은 고민을 하는 나를 발견한다. 50대에 여성CEO가 되고 싶고, 선한 영향력을 미칠 수 있는 콘텐츠를 만들어 지금까지 만난 인연들과 함께하고 싶다.

'평생직장'이라는 개념이 사라지고, 많은 직장인들이 언젠가는 지금 다니고 있는 직장을 그만두게 될 것이라는 생각을 하게 됐다. 그래서 그 뒤에 어떤 일을 하며 살아갈까 많은 고민을 하게 된다. 계획하지 않은 상황에서 퇴직을 하게 되는 경우도 있다. 내가 그랬기 때문에 퇴직하고 나서 내가 좋아하는 일을 찾고자 넓은 세상을 많이도 살펴보고 경험을 했던 것 같다.

3년이라는 시간동안 단 한순간도 그냥 보내지 않았다. 직장생활을 하는 것만큼 바쁘게 보내며, 관심 있는 분야의 책들을 읽고, 매주 KTX를 타고 서울을 오가며 자녀교육을 위해 진로진학상담사와 다중지능평가사 공부를 했다. 자기경영, 셀프리더십을 배우기 위해 3P 바인더 마스터과정을 밟았고 독서리더 인증을 받았다.

나의 미래를 위한 투자였다. 공부를 스포츠에 비유하자면 후보 선수가 주전이 되기 위한 준비 기간이라고 한다. 실력을 갖추지 않으면 기회가 오더라도 잡을 수 없게 된다. 지금 하는 일에서 임계점을 돌파하는 공부를 꾸준히 해온 덕분에 2017년 올해 나만의 콘텐츠를 만들고 나만의 교육 과정을 준비할 수 있었다.

오늘 인생 2모작을 준비하는 귀한 시간을 보내고 있다.

어쩌면 지금, 가장 행복한 순간

살아가면서 경제력이 많은 부분 사람을 행복하게 만들기도 하지만 사실은 그것이 전부는 아니라는 생각을 요즘 자주 한다. 하루 벌어 하루 먹고 사는 삶이 아니라 어느 정도 경제적으로 안정되어 있기에 이런 생각을 할 수 있는지도 모른다. 그런 점에서 직장생활을 통해 경제력을 갖출 수 있었던 점에 대해 감사할 따름이다.

얼마 전 고3 아들이 전국학력평가 시험을 봤다. 시험을 치르고 나면 오후 5시가 되고 학교에서는 저녁 급식을 준비해 주지 않기 때문에 학교에서 더 남아서 공부를 하고자 하는 아이들은 학교에서 나와서 저녁식사를 하고 다시 자습실로 들어가서 공부를 한다.

밖으로 나오는 시간을 조금이라도 줄여 주기 위해서 가끔씩 저녁을 준비해서 학교에 갖다 주기도 한다. 아들에게 저녁을 어떻게 할 것인지 물어보니 도시락을 준비해서 와 달라고 한다. 물론 학교 앞에서 저녁을 사 먹으라고 할 수도 있지만 엄마가 집에 있으니 집에서 만든 도시락을 먹고 싶어 하는 아들을 위해 한 달에 한두 번 정도는 도시락 준비를 직접 한다.

갓 지은 따뜻한 밥에 김치, 오뎅 볶음, 두부조림을 준비하고 시험을 치는 날에는 고기반찬을 하나씩 준비를 해 간다. 청양고추를 넣고 칼칼하게 돼지두루치기를 준비하는 경우도 있고, 순살 치킨을 튀겨서 양념 소스와 간장 소스를 반반으로 준비하기도 한다.

학교 주차장에 도착할 무렵 아이들은 시험을 마치고 교문 밖으로 쏟아져 나오고 있었다. 선생님들께서도 퇴근하시는 시간이라 학교 주차장에 공간이 여유로워 수월하게 주차를 했다. 아들이 나오기만을 기다리며 둘러보니 아들과 같은 반 친구도 엄마와 함께 차에서 도시락을 먹고 있었다.

이렇게 차에서 도시락을 먹을 때는 학교 현관과 등지고 주차를 한다. 차 안에서 식사를 하고 있는 것이 밖에 보이지 않고 앞에는 푸른 숲이 있어서 경치가 좋기 때문이다.

차로 다가오는 아들 표정이 밝았다. 오늘은 시험을 잘 봤구나 속으로 생각하며 도시락을 꺼내 반찬통을 열어준다. 평소에는 넓은 쟁반을 무릎 위에 올려놓고 먹는데 그날은 뒷자리 팔걸이에 도시락을 올려놓고 먹었다. 치킨을 준비해 온 것을 보고 아들이 신나 하며 얼른 양념치킨을 하나 입 속으로 넣는다. 아들이 맛나게 먹는 모습만 봐도 엄마는 기분이 좋아진다. 치킨을 넉넉하게 준비를 해 와서 옆에 같은 반 친구에게 나눠 주자고 했더니 아들도 좋다고 했다. 치킨 몇 조각을 담아 반 친구네 엄마 차로 가서 건네 줬다. 우리 아들처럼 친구도 맛있게 먹을 것을 생각하니 기분이 더 좋아졌다.

준비해 온 도시락을 맛나게 먹고 입에 마지막으로 넣은 치킨을 다 삼키기도 전에 오물거리며 농구 코트로 이동을 했다. 농구 코트를 지날 때 차를 천천히 운전하면서 아들들이 뛰고 있는 모습을 보는 것도 너무 좋다.

아침 시간에는 시간이 없어서 제대로 인사도 못 하고 급히 현관문을 나서거나 학교 도로 변에서 내려주고 돌아서지만, 저녁에 귀가 할 때면 둘째는 현관문에서부터 두 팔을 벌리고 엄마를 안아준다. 토닥

토닥 안아주고 나면 학교에서 무슨 일이 있었는지 한참을 재잘 거린다. 아들들은 원래 학교에 관한 이야기를 잘 하지 않는데 포옹을 하는 덕분에 아들과 많은 이야기를 나눌 수 있다.

큰아이는 학교에서 11시 30분까지 자습을 하고 귀가를 하는데 그 시간만큼은 엄마가 꼭 데리러 가려고 한다. 학교에서 종일 공부하는 아들을 응원하는 마음도 있고, 차를 타고 돌아오는 10분 동안 아들과 오늘 하루 있었던 여러 가지 이야기를 나눌 수 있는 게 얼마나 좋은지 모른다.

그 시간은 아들의 학교 이야기를 듣는 시간이 되기도 하고 엄마의 하루 이야기를 하는 시간이 되기도 한다. 엄마들끼리 있는 단체 대화방의 재미난 이야기를 해 주기도 하고 진로 진학 상담을 한 학생에 대한 이야기를 나누기도 한다. 대학원에서 강의 중에 있었던 이야기도 들려주기도 한다.

친정 엄마는 딸이 없는 걸 걱정하시지만 아직까지는 아들과 소소한 일상들을 이야기하는 게 딸과 엄마의 대화 못지않다. 딸이 없어서 모르겠는데 딸이었다면 더 많이 맞장구치며 까르르 소리 내어 웃었겠지…. 하지만 고3 아들과 이 정도의 대화만 하는 것도 만족스럽다. 벚꽃이 활짝 핀 날 아침에 아들을 데려다주며 '벚꽃엔딩' 노래를 함께 들을 수 있는 것도 감사하다.

늦은 시간까지 학교 자습실에서 시험 준비를 하고 돌아온 큰아들에게 간단한 간식을 내어줬다. 공부를 더 하겠다고 불을 켜두고 책상 앞에 앉은 아들이 얼마나 기특한지 모른다. 회사를 다닐 때는 아이들이 공부를 하든 말든 얼른 잠자리에 들어야 했는데, 그때는 느끼지 못했던 여유를 지금 느낄 수 있어 좋다.

중학생이 되고 첫 중간고사를 치를 때는 긴장했던 둘째가 기말고 사는 편한 마음으로 봤다고 한다. 요즘은 내가 한쪽에서 노트북으 로 글쓰기를 하면 둘째는 반대편 책상에서 시험 준비를 한다. 형보 다 더 시험을 잘 치고 싶다며 문제를 풀고 있는 둘째가 얼마나 예쁜 지 모른다.

직장을 계속 다녔었더라면 늦은 저녁시간 아이들을 재촉하며 다 음 날 학교 숙제나 학원 숙제 정도만 체크만 했을 것이다. 이야기 나 눌 여유도 없이 서둘러 잠자리에 들도록 하는 게 최선이었다. 지금의 풍경과는 너무나 달라 보인다. 공부하고 싶은 시간에 늦게까지 공부 해도 다음날 엄마가 깨워주면 되니 아이들도 안정감이 있어 보인다. 엄마인 나도 아이들의 모습 하나, 행동 하나에 미소를 짓게 된다.

우리 집은 21층인데 같은 라인에 사는 분들은 초등학생부터 중 고 등학생, 대학생까지 다양한 연령의 자녀들을 두고 계신다. 가끔 엘리 베이터에서 만나면 초등학생이나 중학생 아이를 둔 엄마들에게 학년 별로 챙겨야 할 일들이나 학원을 소개해 주기도 하며 이야기를 나눈 다. 첫째가 고등학생이라 자연스럽게 알게 된 것들이다.

먼저 학교를 보낸 엄마들이나 자녀들을 벌써 다 키우신 어르신들 은 밤늦게 귀가하는 아들을 볼 때마다 열심히 한다고 격려를 해 주 신다. 그럴 때마다 이웃이 함께 아이들을 키우고 있는 것 같은 느낌 이 들어 감사하다.

아침에 아이들 등교를 시켜주고 나면 7시 20분 정도가 된다. 천천 히 집안 정리를 해도 되지만 서둘러 청소를 한다. 어디 출근이라도 하는 사람처럼 서둘러 방마다 정리를 하고 주방까지 정리를 하고 나 면 노트북과 책 거치대, 바인더, 읽을 책을 챙겨 카페로 간다.

카페에서 책을 읽거나 강의안을 만들기도 하고 미래의 나의 모습을 상상하며 프로젝트와 관련된 일들에 대해 고민을 한다.

집에 있게 되면 집안일에 손을 대기 때문에 몰입하기가 쉽지 않아 카페를 찾는 경우가 많다. 카페에서 책도 읽고, 바인더도 정리하고, 안부를 전할 분들께 전화도 드리고, 업무 관련 통화도 하고 만날 사람이 있다면 이곳에서 만나기도 하니 너무 좋다.

뒤늦게 공부를 하기 위해 대학원 수업을 듣게 되었는데 공부도 공부지만 사람들과 함께 만나는 것이 좋다. 매주 수업을 하고 갖는 식사자리가 너무 재밌다.

어렸을 때 공부를 하는 것과 어른이 되어 필요해서 공부를 시작하는 것은 다른 것 같다. 하지만 같이 공부하는 사람들만큼은 같은 생각을 하고 온 이들이기에 만난 시간은 짧지만 초등학교 동창만큼이나 편하다. 신기할 정도다.

대학원에서 나와 연배가 같은 친구들이 네 명이 있는데 다들 내 마음과 같이 서로를 격려하고 응원하는 모습들이 참 보기 좋다. 사업하는 친구를 응원하기도 하고 서로 아픔을 들어주기도 하고 함께 소주 한잔하면서 한 주의 스트레스를 날려 버리곤 한다.

우연히 친구가 하는 일에 대해 조언을 하다 보니 어느 순간 함께 사업을 확장하게 되고 함께라 더 좋은 것들이 많아서 좋다.

어릴 때 친정아버지께서 늘 하신 말씀이 있다.

"평범하게 살아라. 평범하게 산다는 것이 쉬우면서도 어렵다."

지금 이 평범한 삶이 감사하고 또 감사하다. 직장을 계속 다녔더라면 경제적으로는 조금 더 여유가 있었을 테지만, 아이들과 많은 시간을 함께 보내지 못했을 것이다. 매일 아침 서둘러 집을 나서서 회사로 향해야 하고 아이들은 혼자 아침을 먹고 등교를 했을 것이다. 아이들이 학교를 마치고 돌아오는 것을 엄마가 맞아 주지 못했을 것이다.

모의고사를 치는 날 학교에서 좀 더 공부를 하겠다는 아들을 위해 도시락을 준비하는 엄마의 행복한 일상과 아이들과 나눌 수 있는 대화의 시간은 무엇과도 바꿀 수 없는 귀한 것이다.

시간이 지나면 다시 되돌릴 수 없는 이 시기에 아이들과 함께할 수 있어 행복하다. 직장생활을 하느라 아이들 어릴 때 엄마의 손길이 부족했었는데 그나마 너무 늦지 않을 때 아이들을 챙겨줄 수 있어 다행이다 싶다. 바른 어른으로 성장하는 데 부모의 역할이 얼마나 중요한지 아이들과 함께 하면서 엄마도 배우게 된다. 정서적으로 안정된 아이들이 결국은 원하는 모든 것을 이루어 내는 힘을 키우는 것 같다. 어쩌면 지금, 가장 행복한 시간을 보내고 있다.

엄마, 그리고 직장인

엄마가 되고 난 뒤로 친정 엄마 생각이 많이 났다. '우리 엄마도 나를 이렇게 키우셨구나, 일하는 것이 힘들 때 나를 보고 이렇게 웃으셨구나' 엄마가 되어 보니 조금씩 이해가 되고 나의 마음도 예전과는 달라짐을 느끼게 된다.

결혼하면 나도 편하게 아이들만 키워야겠다는 생각을 했었는데 어느 순간 예쁜 우리 아이들이 원하는 것을 다 해 주고 싶다는 욕심이 생겼다. 부모로서 아이들을 조금 더 준비를 해서 인생의 출발선에 내놓고 싶어졌고 조금 앞에 설 수 있다면 그렇게 만들어 주고 싶었다.

큰아이가 초등학교 2학년 때 일이다. 듬직하고 반듯한 아이라 큰 말썽을 피우지 않을 것이라 믿었다. 준비물이라든가 숙제를 빠트리지 않도록 매일 학급 홈페이지에 들어가 확인을 하고 직장에서도 아이가 돌아올 시간이 되면 집으로 전화를 해서 엄마가 퇴근하기 전에 챙겨야 할 일들과 학원을 이동하는 시간을 체크하곤 했다.

그때만 해도 급식이 보편화되지 않아서 맞벌이 가정의 아이들은 학원에서 하는 급식을 신청해서 먹었다. 큰아이도 그랬다. 피아노 학원이나 태권도 학원의 차가 학교 정문에 대기하고 있으면 학원에 도착해서 점심을 먹은 뒤 수업을 하고 집으로 귀가를 했다. 그렇게 하고도 엄마가 퇴근을 하고 돌아올 시간은 한참이나 남았다.

아이 혼자 집에 두자니 걱정도 되고 하여 아파트 단지의 둘째가 다니는 어린이집 원장님께 부탁을 드렸다. 학교 수업과 학원을 마치고 오후에 큰아이가 어린이집에 가면 봐 주시기로 한 것이다. 둘째도 오후가 되면 형이 어린이집에 오는 것을 좋아했다.

어린이집 원장님의 큰아이도 우리 큰애와 같은 학년이었고 둘째도 있다 보니 일하면서 아이들 키우기가 힘들다는 것을 알고 이모같이 아이들을 돌봐 주셨다. 숙제도 챙겨주시고 저녁 식사까지 챙겨주시니 얼마나 감사했는지 모른다.

7시쯤 퇴근을 해서 아이들을 데리러 가야 하는데 업무 마무리가 되지 않아 퇴근을 못하게 되면 아이들 둘이서 손을 꼭 잡고 집으로 먼저 가기도 했다. 큰아이는 초등학교에 들어간 뒤로 학교에서 배운 대로 엄마가 없을 때도 가방을 내려놓고 옷을 갈아입고 양말을 벗어 세탁실로 가져다 놓았다.

매일 그렇게 하진 않았지만 고사리 같은 손으로 세수까지 하고 엄마 힘들까 봐 알아서 스스로 하는 것이 얼마나 예뻤는지 모른다. 엄마가 조금 늦어지면 집으로 오는 길에 전화를 해서 할 일들을 이야기했고 집에 도착해서는 동생과 색종이를 접어 주며 놀고 있었다.

아들이지만 딸처럼 조용히 잘도 해 줬다. 든든하고 반듯한 아이였는데 엄마가 회사를 다니느라 담임선생님도 찾아뵙지 못했다. 초등학교 1~2학년들은 오전 수업을 마치면 엄마들이 청소를 해 주러 학교에 들어갔었는데 직장을 다니는 엄마들은 그것도 하기 힘들었다. 겨우 격주로 휴무를 하는 토요일 하루 정도만 시간을 맞춰 아이들 학교에 청소를 갔었다.

어느 날은 담임선생님께서 전화를 하셨다. 큰아이가 수업시간에 집중을 하지 못하고 떠든다고 하셨다. 학교에서 함께 수업 시간에 있어보진 못하였지만 설마 그럴까 하는 생각이 들었다. 그렇게 얘기하면 엄마들이 학교에 찾아오실 거라 생각을 하신 모양이었다. 토요일 휴무 날 시간이 맞아 반청소를 하고 담임선생님과 뵐 기회가 있었는데 선생님 말씀이

"애가 딱 이과 머리입니다. 엄마가 신경을 많이 쓰셔야겠어요. 아이 잘 키우세요."

'엄마가 신경을 좀 써야지…'

집으로 돌아와 아이와 이야기를 나눠봤다. 학교생활이 어떤지, 수업 시간에 앉아 있기 힘들지 않은지, 반에서 누가 제일 발표를 잘하는지, 선생님께서는 모두와 눈을 마주치시는지, 누구와 친한지 등 편하게 이야기를 나누다 보니 선생님께서 말씀하신 대로 엄마가 해 줄 부분이 있다는 걸 알게 되었다.

엄마인 내가 아는 큰아이는 수업시간에 떠들며 집중을 못할 아이는 아니었다. 수업 시간에 발표할 기회를 만들려고 손을 자주 들지만 한 번도 해 보지 못하여 속상해 할 뿐이었다. 여러 번 손을 들어도 선생님께서는 쳐다봐 주시지 않았고 결국은 힘없이 손을 내려야 했다는 게 아이의 말이었다.

친구들과 야외활동을 할 때 줄 서기를 하면 괜히 큰아이 차례에서는 등을 툭 치신다고 했다. 사랑이 없는 손길은 아이들도 느끼는 법이다.

아이와 이야기를 하며 속이 상했다. '엄마가 신경을 써야겠구나. 그렇지만 선생님께서 원하시는 신경은 절대로 쓰지 말아야겠다' 다짐을 했다. 아마도 선생님께서는 촌지를 바라시는 것 같았다. 직장을 다니며 매일같이 아이들을 혼자 학교 보내는 것만 해도 속상한데…

학교를 마치고 오면 간식을 챙겨주지 못하는 것도 속상한데…. 담임선생님이 그렇다고 하니 마음이 더 불편했다. 그저 나의 방식대로 아이에게 신경을 쓰기로 마음을 먹었다.

먼저 엄마들의 모임에 한 번 나가서 힘든 점이 뭔지 들어보기로 했다. 같은 또래 엄마다 보니 더 마음이 통하고 공감되는 부분이 있을 것 같아서 모임에 나가게 되었는데 역시 잘 왔다는 생각을 하게 되었다.

매일 직장에서 아이의 학교생활을 체크하느라 들어갔던 학급 홈페이지 자유 게시판에 자녀 교육에 대한 글을 올리기 시작했다. 『천년을 만드는 엄마』에서 봤던 좋은 글들이나, 지금 시기에 아이들에게 필요한 것들, 어른들이 아이들에게 가르쳐 줘야 할 삶의 지혜, 엄마의 역할 등에 관한 글들을 올렸다.

나의 방식대로 학급 홈페이지에 자녀교육에 관한 글을 올리기 시작하니 학급 엄마들의 감사 댓글이 달리기 시작했다.

아이를 키우고 있는 반듯한 엄마의 생각을 학급 홈페이지에 올린 것을 당연히 담임선생님께서도 보셨을 테고 반 엄마들의 좋은 반응들도 보셨을 것이다.

늘 아이 혼자 높은 벽을 마주해야 했을 때 얼마나 힘들었을까. 수업 시간에 친구들 앞에서 아이도 씩씩하게 발표를 하고 싶었을 텐데 한 번도 기회가 주어지지 않아 어린 마음에 얼마나 상처가 되었을까. 생각할수록 엄마는 속이 상했다.

봐 주지 못해 미안하고 엄마가 늘 있어 줘야 했을 때 함께 있어주지 못하여 미안한데 그런 담임선생님을 만나게 되면 더 속이 상했다. 하지만 엄마가 학교 홈페이지에 글을 올리고 학급 엄마들의 댓글이 달리자 수업 시간에 손을 든 우리 아이에게도 발표할 기회가 주어졌고, 가끔 선생님도 아이 눈을 맞춰주신다고 했다.

직장생활을 하다 보니 아이들 어릴 때 학교에 찾아가지 못하는 경우가 많았다. 아이들에게 참 미안했다. 새로 이사한 아파트의 담보대출도 갚아야 했는데 남편 혼자 그 짐을 지게 하고 싶지는 않았다. 아이들이 어릴 때 맞벌이를 해서 일찍 경제력을 갖추어 놓고 싶었다. 예전에 내가 직장을 그만두고 싶다고 했을 때 친정엄마가 말씀하셨다. 아이들이 어릴 때는 모르지만 고등학생이 되고 대학생이 되면 교육비가 한창 많이 들어가는데, 돈이 없어서 자식들에게 시키고 싶은 것을 마음껏 못 시키는 것만큼 부모가 돼서 미안하고 힘든 것이 없다고.

친정 엄마의 말씀처럼 나중에 아이들에게 고액과외가 필요할 때 밀어 줄 수 있는 부모가 되고 싶었고, 정말 공부를 하고자 마음을 먹었을 때 경제적인 부분 때문에 고민하지 않고 열심히 해 보라고 등을 토닥이며 응원하는 부모가 되고 싶었다.

자녀 교육에 대한 건 부모님들마다 생각이 다르다. 어떤 부모님께서는 학생 때 아르바이트도 하고 고생하며 공부를 해야 부모님이 얼마나 고마운지 안다는 분들도 있으시지만 내 생각은 다르다. 학생 때 알바를 할 시간에 학과 공부를 열심히 해서 성적 우수로 장학금을 받으며 학교를 다닐 수 있게 여건을 만들어 줘야 한다고 생각 한다.

경제적 능력을 갖춘 상태에서 독립심을 길러주기 위해 아르바이트를 시켜보는 부모라면 나름대로 자녀교육에 소신 있는 부모님이라고 생각되겠지만, 경제적 능력이 부족해서 아이들이 학비를 벌어야 하는 상황인 부모가 고생을 하면서 공부를 해야 한다고 말한다면 그건 변명이라고 생각될 것이다. 내가 그런 변명을 하지 않는 부모가 되고 사 아이들에게 미안한 선택을 했다.

직장을 다니느라 아이들과 많은 시간을 함께 해 주지 못했지만 고맙게도 너무나 잘 자라줬다. 공부를 잘해 준 것도 그렇지만 친구들을 챙길 줄 아는 아이로 자라줘서 고맙다. 전학 온 친구에게 먼저 말을 걸어주거나 공부를 어려워하는 친구에게 기꺼이 시간을 내어 설명해 주기도 한다. 가끔 또래 아이들의 고민을 상담해 주는 역할을 하기도 한다. 어딜 가더라도 뒷정리를 할 줄 아는 아이로 자라준 것도 다행이라고 생각한다.

고3 아들은 토요일 아침에도 일찍 일어나 학교에 자습을 하러 7시에 집을 나서고, 중2 아들은 형만큼 공부를 잘하고 싶다며 중간고사 시험 준비로 9시부터 보강을 하러 나간다. 느리지만 천천히 자기의 길을 찾아가고 있는 아이들에게 너무 고맙고 감사하다.

내가 살아갈 수 있는 최고의 시간

오랫동안 다닌 직장을 '내 삶의 산소와도 같은 곳'이라고 이야기 하곤 했다. 내 가슴이 뛰고 날마다 출근하는 것이 즐겁고 재미있었던 것 같다.

재미없이 어떻게 22년 7개월의 시간을 다닐 수 있었을까. 물론 힘든 날도 있었겠지만 이겨낼 수 있을 정도의 시간이 아니었나 싶다. 조금의 힘들고 아픈 시간을 보내고 나면 분명 좋은 날이 있을 거라는 믿음이 있었던 것 같다.

나는 '지금 이 순간'을 중요하게 생각하고 충실히 보냈을 때 미래에 내가 원하는 얻을 거라는 강한 믿음이 있다.

결혼할 때도 그랬던 것 같다. 우리 때만 하더라도 대부분의 여자들이 남자가 먼저 청혼을 하기를 기다렸다. 좋은 감정으로 만나고 있는 연인 사이에도 남자가 먼저 청혼해 주길 은근히 기다렸는데 나는 예전부터 그런 생각을 하고 있었다.

'내가 정말 마음에 드는 사람이 있으면 내가 먼저 만나자고 이야기해야지.'

스물네 살쯤 좋은 사람을 만나서 스물여섯 살쯤에 결혼하고 서른 전에 아이를 낳아야겠다는 생각을 했다. 내가 평생을 함께할 사람이 나타났을 때 상대방도 나의 청혼에 흔쾌히 동의를 할 수 있도록 나또한 준비를 해야겠다는 생각을 한 것이다.

내가 능력 있는 사람을 만나고자 한다면 나도 그에 맞는 수준으로 준비를 해야 한다는 생각을 이린 나이에도 했던 것 같다. 내가 살고 있는 지금의 일상들이 과거에 한 번쯤은 늘 생각하던 그런 장면인 것 같다. 원하던 대로 금융기관에 근무하는 사람과 결혼을 했다. 늘 정장을 입고 출근하는 화이트칼라이길 원했다.

그 사람의 태생이 시골이었으면 좋겠다고 생각했었다. 그리고 대구에 살고 있는 사람이길 바랐다. 순하고 아내를 많이 사랑하는 애처가인 배우자를 만나고 싶었는데 남편이 꼭 그렇다. 남편에게 자주 만나자고 이야기한 것도 사실 나였다. 현모양처가 되고 싶었고, 아이들을 바르게 잘 키우고 싶었다. 어느 순간엔 여성 리더로서 직장에서 내 일에 성공하고 싶다는 생각을 했다.

마흔 중반을 넘어가면서 지금까지 큰 어려움 없이 내가 살고 싶은 대로 잘 살아올 수 있었던 것에 감사한다. 100세 시대를 넘어 120세 시대까지 살아갈 것을 생각하면 이제 1/3의 시간을 살아온 셈이다. 100세까지 활동을 한다고 가정하고 45세를 살아온 나의 인생을 시계로 바꾸어 보면 오전 10.8시 정도가 된다.

하루를 생각할 때 오전 10시를 넘어 11시가 되는 시간은 어떤 시간인가. 무엇이든 내가 하고 싶은 일들은 할 수 있는 시간이다. 점심식사 전에 누군가를 만나서 업무를 볼 수 있는 충분한 시간이며 다음만 먹으면 대구에 있는 내가 KTX열차를 타고 서울에 볼일을 보러 다녀올 수도 있는 시간이다. 45세의 나이는 인생시계로 표현하자면 오전 11시전, 얼마나 좋은 때이고 좋은 나이란 말인가. 내가 살아가면서 하고 싶은 것을 시작할 수 있는 시간이다. 앞으로의 나의 인생을 어떤 방향으로 살 것인지는 마음먹기에 달려 있다고 생각한다.

어릴 때 부모님께서 항상 웃으시며 마을 이웃에게 나눠 주시고 도와주시고 성실하게 살아오시는 모습을 지켜보며 이런 어른이 되어야 하는구나 생각을 했다. 그렇다면 나도 내 삶 속에서 자식들에게 기억에 남는 뭔가를 생활을 통해 보여 주고 싶다는 생각을 하게 되었다. 아이들은 부모의 뒷모습을 보고 자란다는 것을 잘 알고 있다.

오늘 하루를 살면서 지금 이 순간을 나름대로 즐기며 나를 성장시킬 수 있는 것이 무엇일지 생각하고 행동하게 된다. 그렇다고 매순간 많은 생각을 하는 것은 아니지만 내 삶의 의미, 방향성을 명확하게 하고 생산적인 일을 하려고 생각을 하는 것이다. 주부들은 주로 집안일을 하는 데 많은 시간을 보내게 된다. 아침에 가족들이 나가고 나면 집안 청소를 하고, 저녁에 가족들이 오면 맛있는 저녁 식사를 준비하기 위해서 마트에서 장도 본다. 그리고 반찬을 만들며 가족들이 오기를 기다린다.

이렇게 가끔은 가족들에게 헌신하기도 하지만 언제부터인가 무늬만 주부인 모드로 가고 있다. '내 시간을 가족들만 위해서 희생하지 않는다'는 표현이 더 맞을 것 같다. 아침에 가족들이 나가는 시간은 조금씩 다른데 계속 식사를 준비하느라 내 시간을 죽이지는 않는다. 과일을 준비해서 큰 접시에 담아 놓든지 밥으로 식사를 한다면 각자 밥을 떠서 먹을 수 있도록 하고 반찬만 차려놓은 뒤 나간다. 마지막으로 식사를 하는 사람이 뚜껑을 닫아 냉장고에 넣도록 했다. 아이들이 먹은 건 나가기 전에 치울 수 있지만 남편은 늦게 나가는 편이라 혼자서 식사를 하는 경우가 많다. 혼자 식사하는 남편에게 미안하지만 내 시간을 죽이고 싶지 않기 때문에 그렇게 한다.

아이들이 일어나 세수를 하러 화장실로 가면 이불 정리를 바로 바로 한다. 이불 정리만으로 집안 청소를 끝내는 날도 있고 밀대 걸레로 방을 한 번 쓸어 닦는 것까지 하는 날도 있다. 매일 쓸고 닦는 시간보다 책을 읽는 시간을 많이 가져서 나를 성장시키려고 한다. 밑반찬은 마트에서 장을 봐서 매일같이 요리하는 것보다 가끔은 반찬가게에서 구입해서 먹는 것이 좀 더 효율적이라고 생각한다. 그렇게 하는 것이 더 저렴하기도 하고 시간도 절약할 수 있다. 빨래도 저녁에 미리 예약을 해둬서 아침에 바로 널 수 있도록 한다. 가끔은 남편이나 아이들에게 세탁물을 널어 주기를 부탁하기도 한다. 그렇게 얻는 시간은 나의 미래에 투자한다.

시간 맞춰 회사에 출근해야 하는 것은 아니지만 내 나름대로 정해둔 시간이 있다. 평일에도 가족들이 모두 나가고 나면 집안일을 오전 8시까지는 마친다. 그런 다음 출근하듯이 외출 준비까지 끝내고 거실 책상 앞에 앉는다.

회사를 다니는 사람들도 8시나 9시까지는 직장에 출근을 해서 근로활동을 하기 때문에 급여 날 월급을 받는 것이 아닌가. 매일을 그냥 아무런 생각 없이 시간을 보낸다면 각자가 미래에 내가 되고 싶은 모습이나 하고 싶은 일을 이룰 수가 없다고 생각한다. 매일 아침 거실 책상에서 나만의 콘텐츠를 만드는 일을 고민하고, 독서를 하고, 강의 준비를 하고, 대학원 전공 도서를 읽기도 한다.

가끔 만나는 학모들과 브런치를 나누며 이야기하는 것도 재밌고 서로 공감하고 위로하고 하는 일도 즐겁지만 매일같이 그렇게 하는 것은 원하지 않는다. 사람들이 하루 평균 TV를 시청하는 시간이 3시간 정도라고 한다. 평생을 계산해 보면 10년이라는 시간을 TV 앞에서 보내는 셈이다. 매일 동네 사람들과 모여서 운동하고 식사하고 차 마시는 시간도 따져 보면 그 이상이 아닐까 생각한다. 물론 유쾌하게 사는 것도 좋지만 재미에만 치우치기보다 아카데미를 찾아보는 것도 좋지 않을까 생각한다. 나에 대한 투자가 가장 확실한 투자가 아닐까 생각한다. 내가 하고 싶은 것을 찾고 나의 콘텐츠를 만들어 가는 과정을 보내고 있다. 모임 속에서도 성장할 수 있는 것을 찾게 되는 것 같다.

오래된 과거의 일이지만 성수대교 붕괴 사고, 9·11테러, 대구 지하철 화재, 세월호 침몰 등 가끔 매스컴에서 보게 되는 대형 참사를 볼 때마다 드는 생각이 있다. '되도록 남편과 싸우지 말아야지' 아침 출근 때 저녁에 보자고 인사를 나누지만 저녁에 가족들을 못 보는 일이 생길 수도 있다. 평소에 가족들에게 사랑 표현을 못 하고 지내다가 갑작스런 일로 가족을 떠나보내야 하는 일이 발생된다면 오랫동안 후회하며 살게 된다. 매 순간 후회하지 않도록 가족들을 많이 안아주고 사랑 표현을 하며 살자는 것이 내 생각이다. 가끔 안부를 여쭙고 싶은 분들이 생각나면 바로 전화를 걸기도 한다. 경북대학교 외식산업경영자과정 수업 때 지도교수님께서 늘 강조하시던 말씀이 생각난다.

"지금 당장 즉시 실행하라!"

고마움은 생각날 때 바로 전하고, 칭찬할 일도 바로 칭찬하라고 늘 강조하셨다.

살면서 일을 미루지 않으려고 애를 쓴다. 아침에 외출하여 혹여나 저녁에 집으로 돌아오지 못하는 불상사가 생긴다 하더라도 나 스스로 눈감을 때 '멋진 내 인생 정말 잘 살았구나' 생각하며 눈감을 수 있도록 말이다.

오늘 하루가 내 생애 가장 큰 선물이라고 생각하게 됐다. 오늘 하루를 즐겁고 행복하게 보내려고 노력한다. 지금 이 순간을 즐기며, 미래의 나를 분명하게 상상하는 것이다. 나와 함께 하는 사람들에게 더 많은 것을 나눌 수 있고 내가 조금 노력해서 함께하는 사람들이 즐거워지고 행복해진다면, 도움이 될 수 있다면 나는 기꺼이 그것을 해낸다. 나누면서 더 행복해지는 것은 나 자신이기 때문이다.

꿈꾸는 만큼 성장하는 삶으로 만들어 가고 싶다.

내가 보내는 시간이
내 인생임을

'성공하는 사람들의 7가지 습관'이라는 교육을 처음 접한 것은 교보에서 지점장후보과정을 할 때였다.

교육 과정 중에 '플랭클린 플래너'를 설명하는 교육을 받은 뒤 동기생들 모두가 플래너를 구입을 하게 되었다. 매일 해야 하는 일들을 기록하고 우선순위를 A-1, A-2, A-3, B-1, B-2…로 나누어 적었다. 그날 일을 체크를 하는 것만으로도 할 일을 미루지 않는 습관을 갖게 되었다. 플래너를 적으면서 기록을 하게 되니 메모하는 습관도 함께 갖추어 갔던 것 같다.

지점장 후보과정이 서울 교육장에서 진행이 되었는데 6개월 동안 진행되는 교육 과정이었다. 매주 월요일 아침 첫 KTX를 타고 서울에 도착하여 한 주 교육을 받고 금요일 오후 기차로 대구에 내려오기를 6개월간 했었다. 6개월 동안 지점장으로서 이론적인 소양 교육과 리더십 교육을 한 달간 받았고, 상품 판매, 리크루팅실습과정을 마쳤다. 그다음엔 지점 운영과 조회 운영, 상품 교육 등 전반적으로 지점장에게 필요한 교육을 받았다.

10월 첫 주에 전국에서 입과한 스무 명의 동기들이 본사 교육장에서 진행되는 후보 과정 출범식에 참석하고자 하루 전인 일요일 저녁에 서울에 도착하여 합숙소에 짐을 풀었다. 오전에 본사 교육을 마치고 용산구에 있는 교육장으로 이동했다. 거기서 지점장으로서 갖춰야 할 교육이 시작되었다.

그때 그 교육과정이 나를 성장시킨 매우 중요한 교육이었던 것 같다. 사무직 여사원으로 근무하던 사람을 영업 관리자로 바꾸는 과정이었다.

"나는 할 수 있다. 나는 해내고야 만다. 7기, 7기 파이팅!"

스무 명의 동기생들이 두 반으로 나누어 교육을 받았는데 이것이 우리 반 구호였다.

지금 다시 그 과정을 하라고 하면 할 수 있을까? 그때가 큰아이가 초등학교 4학년일 때였는데, 내가 가장 소중하게 생각하는 우리 아이들과의 시간마저 내려놓은 결정이었다. 지점장으로 도전의 시간을 보내고자 서울에서의 6개월의 시간이었다.

'7 to 11' 아침 7시에 교육이 시작되는데 나는 6시에 도착해서 교육장의 문을 열었다. 교육장 근처 숙소에서 새벽 5시 알람 소리에 일어나 준비를 하고 온 것이다. 전주에서 온 한 살 후배와 경기도에서 온 두 살 선배까지 우리 세 명은 알람이 울리면 일어나 순서대로 씻고 나와서 일찍 출근 준비를 했다.

한 달간 이론교육을 할 때는 회사숙소에서 생활을 하기도 했고 2~3일간 서울에서 교육을 받을 때는 용산역 인근 주택가의 모텔방을 잡아 지내기도 했다. 늦은 밤과 이른 새벽에 모텔 건물 골목을 걸으면 조금은 무섭기도 했지만 영업 관리자로서 약한 모습을 보이지 않으려고 또각또각 구두 굽 소리가 더 강하게 들리도록 힘주어 걸었다. 가끔은 쿰쿰한 하수구 냄새가 올라오는 욕실을 사용하기도 했다. 교육을 수료하면 바로 지점장 명을 받아 지점을 운영하겠다는 의지로 이겨냈던 것 같다. 12시가 넘어 숙소에 도착하면 플래너로 하루 일과를 정리하고 잠자리에 들었고, 다음 날 새벽 5시에는 일어나 준비하고 나왔다.

그렇게까지 일찍 일어난 적이 없었는데, 새벽 시간에 이동하려고 나오면 깜깜한 시간에도 벌써 새벽을 여는 많은 사람들을 봤다. 지금까지 내가 만나보지 못한 세상의 많은 사람들이 자신의 삶에 충실하고 있다는 것을 새삼 배우게 되었다. 아침 7시부터 시작되는 교육 일정을 버텨 내려면 아침식사를 해야 했기에 새벽에 일찍 문을 여는 식당을 찾았다.

교육장 근처에 새벽마다 깜깜한 어둠속에 반가운 형광등 불빛이 새어 나오는 식당이 하나 있었다. 새벽 이른 시간에 건설 현장에서 일하시는 아저씨들께서 식사를 하는 곳인데 이름이 '할머니 밥집'이었다. 식당 이름에 어울리는 숭늉이 난로 위에 끓고 있었고, 공깃밥은 꾹꾹 눌러 담아 주셨다. 뜨끈한 국물에, 기본 반찬으로 생선구이나 생선조림이 나왔다. 자식들에게 밥을 해 먹이는 마음으로 식당을 하시는 듯한 할머니는 이른 새벽에 반찬을 정성껏 만들어 내어주셨다. 새콤달콤한 겉절이 무침이나, 방금 구워 내놓은 두부구이, 맛깔스런 콩나물무침 등 정성이 담긴 식사를 정말 맛있게 먹었던 것 같다. 이른 새벽시간이라 입맛이 없었는데도 할머니네 밥은 꿀맛이었다.

얼마나 오랫동안 그곳에서 새벽밥을 지어 오셨는지 그을린 벽과 천장이 말해 줬다. 이른 새벽 누군가를 위해서 정성껏 밥을 준비해 주신 할머니 덕분에 저렴하게 맛있는 식사를 할 수 있었다. 매일 그 새벽에 문을 열어 주시는 할머니가 얼마나 고마웠는지 모른다.

든든하게 아침을 먹고 교육장으로 일찍 도착을 해서 커피포트에 물을 끓여 커피를 한 잔 하며 하루를 준비했다. 조금 일찍 도착해서 책을 읽거나 플래너 정리를 하며 하루를 시작했다.

교육 과정 중에 가장 힘들었던 건 상품 판매 필드로 나가는 시간이었다. 매일 5명의 고객을 만나서 생명보험의 가치를 전하고 주간 2건의 계약 체결의 성과를 내야 했다. 운전은 출퇴근할 때 시내에서만 했었는데 그때 처음으로 고속도로에서도 운전을 해 봤다. 포항, 경주, 울산, 거제도까지 장거리 운전은 처음 해 본 것이었다.

간절하게 이루고 싶었던 영업 관리자에 도전했고, 그 과정 속에서 많이 성장했다. 해내야 한다는 분명한 목표가 생기니 나도 모르게 움직이게 됐다. 매일 교육 시작과 교육 마감 때 외치는 구호가 나의 심장을 더욱 뛰게 만들었다.

그 시간을 함께 보낸 지점장 후보 동기들은 말로 표현하지 못하는 끈끈한 정이 생긴 것 같다. 서로 힘든 과정을 함께 겪었기에 많은 의지가 되었던 것 같다. 지나고 난 지금 생각해 보면 이루고 싶은 목표를 가지고 참으로 열심히 달려왔다는 것이 스스로 기특하게 느껴진다.

아이들 중간고사 준비기간이면 토요일에도 내신 대비를 하는 보강 수업이 많이 잡힌다. 그럴 때면 토요일 아침에도 고3 큰아들은 평소와 같이 7시 전에 집을 나서서 학교에 자습을 하러 가고, 중2 둘째 아들은 9시부터 1시까지 학원 보강수업을 들으러 간다. 아이들이 학원으로 가고 주말에 혼자 집에 있게 되면 게을러지는 것 같아서 둘째 아이가 학원을 나설 때는 함께 집을 나선다.

범어도서관 옆 학원에 둘째를 보내고 도서관 4층으로 가서 그곳에서 책 쓰기를 한다. 창밖이 내다보이는 책상에 앉아 주차장 쪽의 숲을 내려다보는 것을 가끔 즐긴다. 햇살이 좋은 날이면 화단에 핀 예뻗 봄꽃과 나뭇가지의 연둣빛 새싹들이 그렇게 예쁠 수가 없다. 4월에 나뭇가지 새싹이 올라 올 때쯤 결혼 야외 촬영을 했던 것도 떠오른다. 도서관을 자주 찾는 나로서는 아래층에 내려다보이는 숲이나 꽃들을 보고 있자니 이보다 더 행복할 수 있을까 생각에 잠긴다. 주차장 한곳에서 빗자루를 들고 청소하는 아주머니들, 주차를 안내하는 아저씨, 주말을 맞아 나들이 나온 아이들과 엄마들도 내려다보면 즐거워진다. 시간이 될 때마다 도서관에서 책도 읽고 2층 카페에서 차도 마시는 시간이 얼마나 행복한지 모른다. 이렇게 보낼 수 있는 시간 또한 감사할 따름이다. 삶의 여유와 사소함에서 느끼는 행복함이 참 좋다.

어느덧 둘째가 학원수업을 마치는 오후 1시가 되어 나왔다. 3시 40분에 시작되는 학원 시간까지 공백이 생겼는데, 엄마가 자주 가는 카페에 함께 가겠다고 한다. 김밥으로 간단히 점심을 먹고 카페로 출발한다.

자주 가는 카페는 공부하는 사람들로 가득 차 있었다. 그곳은 항상 공부하는 사람들로 가득 차 있다. 평일 오전에는 회사원들이 가끔 그곳에서 미팅을 하기도 하고, 시간적 여유가 되는 사람들은 오전부터 그곳에 와서 책을 읽거나 공부를 하기도 한다.

특별한 일정이 없을 때도 그렇고 사람을 만나야 하는 약속이 있는 날이면 일찌감치 그곳에서 책을 읽거나 바인더를 쓰는 시간을 갖기도 한다. 자주 가게 되니 이제 카페 점장님과 인사를 나누는 사이가 되었다. 내가 못 보고 지나치면 점장님께서 먼저 인사를 해 주시기도 하고 주문 계산을 점장님께서 받게 되면 단골 고객이라며 더 신경을 써 주신다. 오전 일찍부터 그곳에 있어야 하는 경우 점장님께 미리 말씀 드리기도 하는데 점장님께서는 편하게 이용하시라고 말씀해 주셔서 감사하다.

그곳에서 나의 시간을 기록하고 독서도 하는 이 시간들이 나의 인생임을 알고, 헛되이 보내려 하지 않는다. 이러한 시간들이 모여 나의 삶이 된다고 생각한다. 공부하는 엄마를 보고 자연스럽게 아이들도 공부를 하게 되고 시간 관리에 철저해지는 것 같다. 갓 중학생이 되었을 때는 교복 입은 초등학생 같아 보이던 둘째도 성적을 잘 받아 보고자 얼마나 애를 쓰고 공부를 하는지 모른다. 결과가 부족하더라도 나름대로 이렇게 열심히 하는 모습을 보이는 아이를 보면 행여나 시험 성적이 부족하더라도 야단칠 수가 없다.

아이들도 하루가 모여 자기의 인생이 된다는 것을 잘 알고 그동안 공부를 소홀히 하고 준비를 하지 못하여 학원에서 테스트를 할 때 모르는 것이 많다면 공부를 해야겠다고 스스로 깨우치는 것을 아이들에게 가르쳐 주고 싶었던 것이다.

지난 한 해는 '배움'을 프로젝트로 삼아 내가 앞으로 하고자 하는 일에 밑바탕이 되는 일들을 찾는 시간이었다. 올해는 나만의 콘텐츠를 만들어 내가 평생 하고자 하는 일을 표준화하는 시간을 만들고자 한다. 매주 월요일과 화요일에 듣고 있는 대학원 수업도, 평일에 공부하는 시간, 토요일마다 강의를 듣는 시간도 지나고 나면 나의 인생이 한 부분이 될 것이다. 그렇게 알차게 보낸 시간들이 나를 더 성장시키는 귀한 시간이 될 것이라 생각한다.

올해 2017년 한 해도 아마 어마어마한 성장의 시간이 될 것이며, 평생 내가 하고 싶은 일의 콘텐츠를 찾게 될 것이라고 생각한다. 그렇게 상상하면 가슴이 설렌다.

고3 엄마의 마음

'그 상황이 되어 보지 않으면 모른다'는 말을 또 다시 공감하고 이해하게 되는 일이 있었다.

큰애가 고등학교 입학을 하고, 둘째가 초등학교 6학년이 된 해였다. 3월 학기 초에 둘째가 학급반장을 하게 되어 6학년 학부모들이 모여서 식사를 할 시간이 있었다.

아파트 내 세대가 4,300세대가 넘다 보니 단지 내에 초등학교가 있어 학부모들도 대부분이 같은 아파트에 거주하고 있었다.

큰아이 모임에 가면 엄마들 중에 내가 가장 젊은 엄마였고, 둘째아이 모임에 가면 나이가 많은 엄마에 속했다. 큰애가 갓 고등학생이 되었을 때는 대학 수시전형을 준비해야 된다는 말을 들었다. 그래서 내신에 관한 정보를 얻기 위해 자주 모임에 나가서 고3 엄마들에게 이것저것 물어봤다.

"고3을 키워보시니 어떠세요? 애들 뒷바라지 하시는 게 힘드시죠?"

"아니에요. 저는 어떻게 공부하는지 잘 몰라요. 아들이 알아서 해요."

"내신 준비와 학생부 전형 따로 준비 하시지 않으세요? 조언해 주실 것 있으면 좀 부탁드려요."

"국·영·수·과탐만 공부하는 것 같았어요. 수능준비만 하는 것 같은데, 잘 모르겠어요."

"저는 고3 엄마라도 따로 하는 게 없어요. 저는 밥만 잘 챙겨줘요."

그때는 그 분이 너무 무심하신 게 아닌가 생각했다.

내신 성적, 동아리 활동, 독서 활동, 소논문, 각종 경시대회, 학교생활기록부 관리 등 할 것이 많은데 왜 챙기시지 않을까? 그 엄마가 너무 무관심하다고 생각했는데 지금 내가 딱 그렇다. 중간고사 시험 준비는 잘 하고 있는지, 범위는 어디까지인지, 학원에서 내신대비 수업은 언제 진행되는지 아는 게 하나도 없다.

고1 때는 엄마도 잘 모르고 아들도 잘 모르니 여러 가지를 같이 준비했었다. 엄마인 나도 고등학생이 된 아들과 함께 공부를 하기 시작했다. 매주 서울을 다니며 진로진학상담사 공부를 했고 아이가 타고난 재능 중에 혹 엄마가 몰라서 키워주지 못하는 것이 있나 싶어서 다중지능평가사 공부도 함께 했다. 덕분에 큰아이의 학교생활기록부는 다른 친구들보다 알차게 준비할 수 있었다. 또, 다중지능검사 결과 큰애는 자기가 타고난 재능을 잘 살려 공부를 하고 있다는 것을 알게 되어서 아들에게 믿고 맡겨 둬도 되겠다는 확신이 들었다.

다만 고등학생이 되면 비교과 활동에서도 챙겨야 하는 부분이 많고 내신 공부도 소홀하면 안 되기 때문에 내신 대비 계획을 세우는 걸 도와주고 학원 보강에 대한 내용도 파악해서 도와줬다. 지금 생각하면 고등학교 1학년 때 비교과 활동을 챙기면서 내신 대비 공부에 필요한 시간 관리를 도와준 것이 아들에게 해 준 것 중 가장 잘한 일이라 생각된다. 시간이 지나면 놓치게 되는 부분을 처음부터 잘 챙긴 것 같다. 1학년 때 아이의 타고난 재능을 확인하고 아이가 하고 싶은 꿈을 알아보고 그에 맞춰 하루 공부해야 할 시간을 함께 계획하며 체크해 주었다.

그런데 아들이 고2가 되면서 엄마의 관심이 부담스러웠는지 이제는 혼자 알아서 하겠다고 했다. 사실은 조금은 예상을 했던 일이다. 자존감이 높고 학습과 관련된 뇌가 대체로 잘 발달된 아이라서 처음에 시작할 때 기본만 잘 잡아주면 알아서 잘할 것이라는 것을 알았기에 엄마는 궁금했지만 아이가 원하는 대로 관심을 갖지 않기로 했다.

　관심을 갖지 않겠다고 했지만 사실은 마음이 놓이지 않아 한두 마디 당부를 하게 되기도 하고 시험 치는 날이면 시험을 치르는 시간 동안 엄마 마음도 조급해지곤 한다. 아이는 시험을 치고 집에 와서 엄마에게 점수를 얘기해 준다. 그때 나는 아무 표현도 하지 않았다고 생각했는데 아이는 시험을 못 쳤을 때의 엄마 표정이 달라진다고 말한다. 어떤 친구는 엄마에게 시험점수를 듣고 안방으로 빨리 들어간 것도 섭섭하다고 이야기하기도 한단다. 고2 때부터 점점 아이들은 엄마의 관심이 부담이 되는가보다. 엄마들은 표현하지 않아도 얼마나 걱정되고 궁금한지 모른다. 좀 더 공부했으면 좋겠고 더 잘할 수 있도록 관심을 가져주고 싶다. 가끔 아들에게 응원을 한마디 하거나 조금 관심을 보내면 아이와 싸우게 되어 엄마도 마음이 편하지 않게 된다.

　이래서 고3 엄마가 공부에 대한 관심은 끊게 되고 애들 밥만 잘 챙겨 주게 되는구나. 고등학생 아이들이 공부하는 것을 보면 참으로 안쓰럽고 마음이 짠해진다. 월요일과 화요일 저녁에 대학원 수업이 있는데, 수업을 마치면 자주 술자리에 가게 되고 피곤한 날이 많다. 하지만 아이가 고3이 되고 부터는 꼭 아들을 태우러 가려고 노력한다. 힘든 공부를 아들이 묵묵히 하고 있는데 엄마가 아무리 피곤하다고 하더라도 올 한 해만큼은 꼭 데리러 가기로 마음먹었기 때문이다. 공부에는 관심 갖지 말아 달라고 해서 더 이야기하지는 못 하지만 학교생활 이외의 시간은 챙겨주고 싶은 마음이다. 학교 정문입구에 들어가는 오르막길로 운전하며 올라가면 늦은 밤이라 어두운 가운데 중앙 현관과 자습실에만 불이 켜져 있다. 깜깜한 어둠 속에서 엄마들은 아들이 나오길 기다린다. 11시 30분이 되면 마치는 종소리가 울리고 아이들은 현관 불빛을 등지고 계단을 내려와 주차장으로 온다. 라이트를 끄고 있는 차 안에서 보면 현관 불빛을 등지고 내려오는 우리 아들이 그렇게 잘 보일 수가 없다. 오늘도 이 늦은 시간까지 학교에서 열심히 공부해 준 아들. 그림자만 봐도 미소가 번진다.

3월 첫 모의고사 때 그렇게 자신 있어 하던 수학에서 지금껏 받았던 점수 중 가장 낮은 점수를 받았다. 아들은 결과에 대한 실망이 컸다. 그때는 강한 엄마의 역할을 하게 된다.

3월 첫 모의고사 결과에 실망한 아들에게 긴장을 많이 한 것 같다며 위로를 건넸는데, 그 말에 아들은 또 섭섭해 한다. 말도 못 한다. 무슨 날인가 싶을 정도로 예민한 아들. 지켜보는 엄마도 안쓰럽고 속상하다. 인생에서 아주 짧은 시간이지만 중요한 시기다 보니 안 해도 될 걱정을 한다.

엄마가 애닳아 한다고 해결되는 건 아니지만 자꾸 신경이 쓰인다. 아이들이 마음 편하게 잘 수 있도록 마음속으로 기도할 뿐이다. 아들이 잠들고 나면 불 꺼진 방에 들어가 이불을 덮어주며 "우리 민이 애쓴다"며 응원한다. 믿어주는 엄마를 보며 힘을 얻길 바란다.

아들이 고3이 되면 엄마들도 심난하긴 마찬가지다. 어느 날은 아침에 엄마들끼리 팔공산 갓바위에 기도라도 하러 가기로 했다. 당일이 되어 보니 비가 와서 못 가게 되었지만, 서로 답답한 마음을 위로받고 싶어서 아침 일찍 문을 여는 콩나물국밥 집에 모였다. 콩나물국밥 한 그릇을 먹고 카페에 들어갔다. 한 달에 한 번쯤은 1학년 때부터 만나던 엄마들끼리 식사나 차를 한 잔 하면서 같은 마음을 풀어 놓았다.

고3이 되면서 예민해진 아들들 눈치를 보느라 엄마들도 마음이 편하지 않았다. 내 마음과 똑같은 엄마들의 위로가 얼마나 힘이 되는지 모른다. '나만 이상한 것이 아니구나. 다들 똑같은 마음이구나' 이야기를 나누며 미운 행동을 한 아들들 흉을 보기도 한다. 그렇게 털어 놓다 보면 엄마들도 마음이 풀린다. 공부에 집중하지 못하는 아이들을 야단치기도 하고 목소리 높여 한판 싸우기도 하고 착하고 마음이 여린 아들을 울리기도 한 사연들을 토해내고 나니 후련해진다. 고3 엄마들도 가끔은 답답함을 풀 수 있는 모임이 필요한 것 같다. 그렇게 하면서도 엄마들은 아들들이 시험 치는 날이 되면 아들이 시험을 잘 볼 수 있도록 간절한 마음을 담아 아이의 방에서 이불을 깔고 백팔 배를 하게 된다.

'○○고 3학년 3반 ○○○ 엄마입니다. 오늘 우리 ○○이 중간고사 첫날입니다. 오늘은 1교시 영어, 2교시 화학을 친다고 합니다. 지금까지 열심히 준비한 것들 실수하지 않고 만점 받을 수 있도록 눈에 총기 주십시오. 공부하는 것을 좋아하는 아이입니다. 원하는 공부를 잘해서 이 사회에 꼭 필요한 사람으로 키우겠습니다. 마음이 선하고 다른 사람에게 나누는 것을 좋아하는 아이입니다. 이번 시험에 열심히 준비한 만큼 좋은 결과 있도록 살펴봐 주십시오.'

백팔 배를 할 때마다 혼자 마음속으로 이야기한다. '누구 엄마입니다'라는 말만 해도 벌써 눈물이 난다. 우리 아이들의 엄마라는 말이 얼마나 가슴 찡한지…. 정성스럽게 백팔 배를 하며 아들에게 좋은 기운을 보낸다. 실수를 하지 않고 제 실력대로 잘 칠 수 있도록 간절함을 담아 기도한다. 아들이 잠들고 나면 불 꺼진 방에 들어가 이불을 덮어주며 '우리 민이 애쓴다'라고 하며 마음속으로 응원한다. 믿고 응원하는 엄마의 사랑이 아이들에게 힘을 주는 것 같다.

아이들이 성장하는 만큼 엄마도 함께 성장하게 되는 것 같다. 예전에는 몰랐던 고3 엄마의 시간을 보내면서 먼저 보내본 엄마들의 마음이 어땠는지 알 수 있는 것처럼….

몸에 생기 불어 넣기

고등학생이 되면 수업 시간에 책상에 엎어져 자는 학생들이 많다고 한다. '어째서 그렇지?'라고 생각했다.

큰애가 고1 때 학교에 '수업공개의 날'이 있어 교실마다 수업을 둘러볼 수 있는 시간이 있었다. 큰애가 1학년이다 보니 1학년 교실을 먼저 둘러보고, 2학년, 3학년 교실도 둘러보았는데 학년이 올라 갈수록 교실마다 수업 분위기가 흐트러져 있는 것을 보고 깜짝 놀랐던 기억이 난다. 학년이 올라갈수록 더 열심히 할 것이라 생각했는데 자습을 하는 반도 많았고, 엎드려 자고 있는 학생들도 보여서 실망을 하고 돌아왔던 기억이 난다.

큰애도 1학년 때는 수업시간에 절대 졸지 않는데 2학년 때는 가끔 어느 시간에 집중이 안 되고 졸려서 잠을 잤다는 이야기를 했다. 3학년 때는 자주 집중이 안 되고 졸립다고 이야기를 한다.

고3 마지막은 결국 '체력 싸움'이라는 것을 조금씩 알 것 같다. 며칠 전에는 학교에서 돌아온 아들이 하루 종일 집중이 안 되어 잠만 자다 왔다고 하는 게 아닌가. 학교에서 많이 잤으니 집에 와서는 공부를 좀 하다가 잘 것이라 생각했는데 웬걸 피곤하다며 바로 잔다고 하는 것이 아닌가. 시험은 얼마 남지 않았는데 준비는 잘 하고 있는지 엄마는 속이 탄다.

고3이 되면서 공부에 대해서는 관심을 끊어 달라고 하여 물어보지도 못하고 예전보다 더 피곤해 하는 아들을 보면 안쓰럽기만 하다. 먼저 아이를 키워본 언니에게 물어보니 체력이 많이 떨어지면 보약을 좀 지어 먹이는 것이 어떻겠냐고 했다. 보약을 지으러 아이와 함께 한의원에 가 보기로 했다.

수업은 없고 자습만 하는 토요일에 가기로 하고 선생님께 미리 말씀을 드렸다. 한의원에도 미리 예약을 해놓았다. 아침 일찍 아들과 함께 영천에 있는 한의원으로 출발했다.

4월이라 나무줄기엔 물기가 가득했고 새싹들이 돋아나 초록빛 잎들이 너무 예뻤다. 도로 변에 심어진 꽃나무에도 분홍빛, 주황빛 꽃들이 얼마나 예쁘게 피었는지…. 매일 아침 학교에 서둘러 갈 때는 있어도 보이지 않았던 것들이다.

아들과 단둘이 이렇게 야외에서 마음의 여유를 갖고 주위 꽃들을 둘러 본 것이 얼마만인가. 늘 혼자 차를 타고 운전할 때와 지금 이순간과는 비교가 안 된다. 늘 못 알아보고 지나치던 나무들도 활짝 핀 꽃들도 더 예쁘게 눈에 들어온다.

"성민아. 꽃들이 너무 예쁘다. 그치?"

엄마가 물어보자 아들도 그동안 미처 못 알아봤던 나무와 활짝 핀 꽃들을 둘러봤다.

"웅. 이렇게 좋은 봄날 교실에서 공부를 하고 있다니…"

아들이 이렇게 말했다.

그렇게 엄마와 몇 마디 나누던 아들은 또 잠이 오는지 어느새 눈을 감고 고개를 끄떡이며 졸았다. 다른 날보다 더 늦게 일어났는데도 여전히 졸린 모양이었다.

한의원에 도착해서 들어서자 접수하시는 간호사 선생님께서 벌써 우리를 알아보셨다. 들어서자마자 성민이를 간단한 검사실로 안내를 하셨다. 검사를 마치고 바로 원장 선생님께 갔는데 인사를 하시며 반갑게 맞아 주셨다.

최근에 집중이 잘 안되고 피곤하다는 것을 말씀드리고 나니 원장님께서 여러 가지 질문을 하시며 몸의 상태를 파악을 하셨다. 그런데 지금까지 봐 온 한의사 원장님과는 달랐다. 편안하면서도 명확한 답변을 주셨고 증상이 어떤지, 치료는 어떻게 하는 게 좋을지 말씀해 주셨다.

고3이 시간을 내어 왔다며 한 수 알려주신다고 조언도 해 주셨다. 지금 공부를 할 때도 그렇고 대학에 가서나 성인이 되어 사회에서 조직 생활을 할 때도 이것 하나만 생각하라는 것이었다. 대부분의 사람들은 내가 어떻게 했다는 과정에 중점을 두고 뭔가를 하지만 지금부터는 결과를 염두에 두라는 것이었다. 그렇다고 과정이 중요하지 않다는 것이 아니라 학생이라면 공부의 결과에 포인트를 맞춰 집중하라는 말씀이었다. 원장님도 자녀들에게 다른 것은 이야기 하지 않지만 이것만은 강조를 한다며 해 주신 말씀이다. '내가 열심히 했다는 것'과 '내가 시험을 만점을 받았다는 것'은 분명한 차이가 있다는 것이었다. 원장님께서 무슨 말씀을 하시는지 성민이도 알아 차렸는지 자기도 그렇게 한 번 해 본 적이 있다고 했다. 이 중요한 시기에 원장님의 말씀이 너무 감사했고, 속으로 너무 잘 왔다는 생각을 했다.

진맥을 해 보시고는 큰아이의 기력이 많이 약해졌다고 말씀하셨다. 하루에 활동을 하는 데 100 정도의 에너지가 필요한데 큰아이는 어느 순간부터 에너지를 98 정도만 공급을 하게 되었고, 그것이 누적

되다 보니 늘 에너지가 부족하다는 것이었다. 그러다 보니 점점 집중력이 떨어지고 몸에 생기가 부족해진다는 것이었다. 생각해 보면 고1 때는 한 번도 수업 시간에 졸지 않았는데 졸게 된 이유가 그 때문인 것 같았다. 체력이 떨어지는 것이 보일 때마다 고기를 구워주기도 하고 홍삼이나 비타민, 다른 영양제를 먹이기도 했는데 근본적인 해결책은 아니었다는 생각이 들었다.

평소에 비염이 있어 집중하기 힘들었을 텐데 열심히 하려고 애를 썼던 아들을 생각하니 미안한 마음까지 들었다. 한 번쯤은 전문가 선생님을 찾아 이렇게 진맥을 받아 봤어야 했는데 다들 그냥 그렇게 보낸다고만 생각하고 있었던 엄마의 무지를 또 반성했다.

원장님께 진맥을 받고 뜸과 침 치료를 받은 덕분인지 큰아이는 몸이 한결 가벼워졌다. 시간을 내서 영천까지 가서 진맥을 집고 몸에 생기를 불어 넣은 보람이 있었다. 고3 1학기 중간고사를 치기 일주일 전에 한의원에 다녀온 후부터 큰아이는 완전 집중해서 공부를 하는 것 같았다. 원장님께서 해 주신 조언을 잘 받아들이고 실천하고 있었다. 늘 중간고사 시험을 치르고 나면 뭔가 부족함에 속상해 했었는데 고3 1학기 중간시험이 지금까지 중간고사에서 가장 잘 보았다고 하며 좋아했다. 1학년 때처럼 다시 생기를 찾게 된 큰아이가 남은 시간 동안 또 얼마나 열심히 해 줄지 엄마 눈에는 벌써 보인다.

벌써 고3 6월, 시간이 참 빠르다. 자신의 꿈을 향해 준비하는 아들이 참 기특하다. 아침마다 잠이 모자라 1분만 더, 5분만 더 늦게 깨워 달라던 아들이 30분을 당겨서 집을 나선다.

고3이 되면서 아침에 엄마의 픽업을 마다하고 친구와 버스를 타고 등교를 한다. 학교 가는 시간동안 엄마 차에서 눈을 감고 잠자던 습관을 바꿔서 버스를 타고 이동하는 동안 신체를 움직이며 뇌를 깨우고자 하는 것이다. 수능 날 최상의 컨디션을 유지하기 위해 아들은 스스로 신체리듬 조절을 시작했다. 잠에서 깨어나 3시간 후에 뇌가 가장 활발하게 움직이기 시작한다고 한다. 아침에 일찍 일어나기 위해서 11시 30분에 자습을 마치고 집으로 돌아와 바로 씻고 잔다. 하루 6시간의 수면 시간을 만들어 줘야 학교에서 졸지 않고 깨어 있을 수 있어서 나름 컨디션 관리를 하며 몸에 생기를 불어 넣고 있는 아이가 너무 대견스럽다.

무엇을 해도 잘할 것 같은 아이다. 엄마는 그저 아들이 더 힘낼 수 있도록 맛있는 음식으로 응원할까 한다. 끝까지 지치지 않도록 엄마는 옆에서 아들을 응원한다.

제4장

더 넓은
세상을
향해

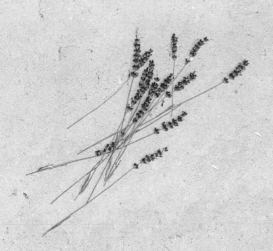

'세상은 넓고 할 일은 많다' 정말 공감된다. 배우면 배울수록 더 배울 것이 많아지는 것 같다. 배울수록 그동안 내가 무지했고 많은 것을 모르고 살았구나 하는 생각이 든다. 회사 입사하기 전에 배운 지식으로 지금까지 직장생활을 했다. 하지만 100세 시대를 과거에 배운 지식으로만 살아갈 수 있을까 하는 생각이 든다.

한 번도 경험한 적이 없는 100세 시대는 30년을 준비해서 30년 동안 일하고 40년이란 시간을 지혜롭게 살아야 한다. 40년이란 시간을 무엇을 하며 어떻게 살아갈 것인지 고민해 본 적이 있는가? 왜 진작 공부하지 않았을까. 왜 더 일찍 이걸 몰랐을까. 지금이라도 알게 된 것에 정말 감사할 따름이다.

'무엇을 공부할 것인가?'를 결정하고 실천하기 위해서는 '왜 공부 하는가'에 대한 답을 먼저 찾아야 한다.

나는 왜 공부를 하는지 곰곰이 생각해 보니 신기하게도 공부하는 것이 재미있기 때문이다. 공부는 게임과도 같은 것이다. 내가 몰랐던 것을 알아가는 게임에서 새로운 것을 알고 깨우칠 때마다 내가 게임에서 이기는 것 같다.

예전에 직장에 다닐 때는 막연히 50대가 되면 여성임원이 되어야지 하는 꿈을 품고 살았지만, 퇴직을 하게 되면서 50대가 되면 여성 CEO가 되어야지 하는 꿈을 갖게 됐다. 뜻이 있으면 길을 찾게 된다.

아이를 잘 키운 엄마이고 싶고, 가슴 설레는 일을 하며 소박한 내 꿈을 이루며 살아가기를 원한다.

퇴직을 하고 처음에는 평일에 집에서 시간을 보내고 있는 나를 보며, 내가 왜 이곳에 이렇게 있나 하는 생각에 우울한 생각이 들기도 하고 퇴직을 권고한 그 당시 지원단장이나 본부 파트장이 몹시 밉다는 생각을 많이 하기도 했다. 한 번도 퇴직을 해야겠다는 생각을 하지 않으며 충실하게 주어진 일에 최선을 다했기에 그 허전함이 더 했던 것 같다.

예전에 함께 지점장으로 근무를 하다 함께 퇴직한 동료 지점장의 모친상이 있어 조문을 가게 되었는데 그곳에서도 퇴직 이야기가 나오자 섭섭한 마음을 이야기하는 나를 발견하고는 그 마음이 아직 남아 있다는 것을 알게 되었다. 이젠 더 이상 과거의 일을 생각하며 섭섭함을 드러내지 말기로 했다. 왜냐하면 결국 내가 선택한 일이기 때문이다.

동료들보다 그나마 여건이 되었음에 감사하기로 했다. 덕분에 더 넓은 세상을 둘러볼 수 있지 않았는가. 언젠가 그곳에 남아 있는 사람들도 퇴직을 하게 될 것이다. 내가 그곳에 남아 있었다 하더라도 언젠가는 퇴직을 했을 테고 지금 먼저 나와서 50대 여성CEO가 되는 과정을 밟고 있으니 더 이상 생각하지 말기로 했다. 그곳에 남아있었다면 세상이 넓다는 것을 알지 못하고 그 하늘만 생각하지 않았겠냐는 생각을 한다.

퇴직 후 비로소 만나게 된 세상

그 하늘이 전부가 아니다. 직장생활을 하느라 미처 알지 못했던 많은 세상을 둘러보기 시작했다. 퇴직금으로 받은 금액을 무엇으로든 남겨두고 싶었다. 퇴직금은 22년 7개월간의 나의 젊은 날의 노고가 그대로 환산된 금액이라고 생각했다. 그걸 어떻게든 뭔가로 남기려고 살펴보기 시작했다.

매월 21일이 되면 통장으로 들어오던 급여가 이제는 더 이상 없을 거라고 생각하니 허전했고, 매월 통장으로 생활비가 들어 왔으면 좋겠다고 생각했다. 그렇게 부동산을 살펴보기 시작했다. 예전에는 대출이 있으면 안 되는 줄 알았는데 지금은 '레버리지 효과'를 활용하여 대출이자를 제외하고도 매월 중소기업 여직원 월급 이상의 수입을 얻게 되었다.

부동산에 관심을 두고 상가를 분양 받고자 남편과 주말마다 정말 많이 돌아 다녔다. 남편이 은행에서 대출 업무를 오랫동안 봐 왔던 경험이 있어 부동산 시세를 조회하거나 부동산 물권 제한에 관한 내용을 살펴보는 것은 남편이 해 줬다. 대구의 부동산 시세가 이렇게 많이 오르기 전에 두세 번의 기회가 있었는데 그때는 우리의 것이 안 되려고 했는지 진행을 하지 않은 곳에서 크게 오른 적이 있었다. 부동산은 운이 따르는 것 같다.

한 번은 남편이 오래된 주택 건물을 구입하여 신축을 하는 방법도 있다기에 정말 많이 살펴보았다. 법원 경매로 나온 물건인데 우리집 근처였다. 그 당시 2억 2천만 원 정도의 금액으로 넣으면 가능할 것 같다고 남편은 이야기했다. 하지만 나는 허름한 외관이 마음에 들지 않아 싫다고 했었다. 결국 그 건물은 남편이 말한 가격에 다른 사람에게 낙찰됐다. 허름한 외관만 보고 기회를 놓친 것이다. 지금은 그 건물에 카페가 생겨서 꽤 장사가 잘되는데, 그 앞을 지날 때나 남편의 말을 들을 걸 하는 후회가 든다.

또 다시 남편에게 알아봐 달라고 졸랐더니 2층 주택 하나를 알아봐줬다. 그곳도 건물은 볼품없었지만 대지 면적이 반듯하게 넓었다. 그때도 내가 고민을 하다가 확실하게 이야기를 하지 않아 매매가 이루어지지 않았다. 그러고 6개월도 안되어 그곳이 재개발이 되어서 아파트가 지어지는 것이 아닌가. 그렇게 또 하나의 기회를 놓치고 말았다.

다들 부동산 가격이 떨어진다고 말하지만 그중에 돈 되는 땅은 분명히 있다. 지금까지는 매일 회사에 출근을 해서 경제 활동을 한 대가로 일정 부분 수입을 얻었지만, 이제는 자본을 활용한 소득을 얻게 되었다. 회사에 다닐 때는 미처 알지 못했다. 이런 곳을 살펴볼 마음의 여유가 없었던 것이다. 매일 아침 일찍 출근하고 늦게 퇴근하는 것만이 수입을 얻는 수단은 아니다. 다른 세상도 있다.

누구나 부자로 살고 싶어 한다. 현재 직장을 다니고 있지만 언젠가는 그 직장에서 퇴직을 하게 되고 새로운 일을 찾게 되는데, 이런 세상을 퇴직하고 나서 찾지 말고 직장을 다니면서 알아보는 게 좋다고 생각한다. 그래서 만나는 사람마다 그렇게 얘기해 준다.

예전에 구입하여 읽은 책 중에 신태순 작가의『나는 일주일에 4시간 일하고 월 1000만 원 번다』가 있었는데 나도 그렇게 살고 싶었다. 제목처럼 일주일에 1~2일만 일하며 내가 좋아하는 것들을 하며 살고 싶다는 생각과, '나는 무엇을 할 때 즐겁지'라는 생각을 많이 했다. 저자는 천만 원 정도의 수강료를 내고 강의를 배우러 다녔다고 하는데, 그러던 중에 일주일에 4시간만 일하고도 수입이 발생되는 것을 찾았다고 한다. 이 책은 퇴직하기 전에 읽었는데 사실 직장생활을 할 때는 책에서 얘기하는 대로 할 여유가 없었다. 그런데 퇴직 후 이것저것 하다 보니 내가 어느 새 그 책에서 말하는 대로 살고 있다는 걸 깨달았다.

퇴직 후 얼마간은 쉬면서 시간을 보냈고, 2016년부터 본격적으로 배움을 시작했다. 매주 KTX를 타고 서울을 오가며 주말마다 뭔가를 배웠고 한 해 동안 많은 책을 읽으면서 넓은 세상을 둘러 볼 수가 있었다.

아이들을 바르게 잘 키우고 싶다는 마음을 갖고 있다 보니 아이들이 열심히 공부하는 만큼 엄마인 나도 뭔가를 공부를 하기로 했다. 아이들의 진로를 찾아 주기 위해서 진로진학상담사와 다중지능적성평가사를 공부를 하게 됐다. 그러고 나니 제대로 우리 아이들을 바라볼 수 있게 되었다.

엄마들은 자녀들이 열심히 공부해 주기를 바란다. 학교에서 수업시간에 집중해서 열심히 듣고 학교생활도 잘하며 학교 마치고 곧바로 집으로 와서 학원 수업 준비를 하고 핸드폰도 보지 않고 PC도 켜지 않고 TV도 보지 않고 열심히 공부를 해 주기를 원한다.

하지만 아이들은 부모의 뒷모습을 보고 자란다는 것을 잊지 말아야 한다. 자녀들이 열심히 해 주기를 바란다면 먼저 엄마들이 그런 모습을 보여야 하지 않을까 생각한다. 나는 직장생활을 할 때는 열심히 일하는 모습을 보여줬고, 엄마 회사에서 엄마가 중요한 일을 한다는 것을 아이들에게 알려줬다. 어떤 일을 하든 엄마가 맡은 일은 누군가에게 도움이 되는 일이라는 것을 어릴 때부터 이야기를 해 줬던 것 같다.

늦게 시작한 대학원 공부도 열심히 해서 좋은 성적을 받으려고 노력했다. 왜냐하면 아이들에게는 공부하라는 잔소리보다 엄마의 학교 성적표가 확실한 동기부여가 될 것이라고 생각했기 때문이다. 아이들이 시험 기간일 때는 나도 학교 시험 준비를 하느라 같이 거실 책상에서 열심히 공부했다. 어떤 때는 아이들보다 더 열심히 시험 준비를 하기도 했다. 주말에도 틈틈이 소파에 앉아 책을 읽는 모습을 보였다. 가끔 엄마가 요즘 어떤 공부를 하고 있고 어떤 것을 배우고 있다는 것을 아이들에게 이야기해 주기도 하고 올해 엄마의 목표가 무엇인지 앞으로 어떤 것을 이루어 갈 것인지 이야기하면서 엄마의 꿈을 아이들과 공유한다.

직장에 다닐 때는 일하는 것만이 수입을 얻는 유일한 수단이라고 생각했지만 그만둔 이후로는 그 외의 수단으로 수입을 얻을 수 있다는 것을 깨달았다. 퇴직 전에는 이미 만들어진 지식을 소비하기만 했지만 퇴직 이후에는 나 스스로 지식의 생산자가 될 수 있다는 것을 깨달았다. 얼마 전까지만 해도 책을 읽는 독자의 입장이었다면 지금은 내 삶에서 얻은 경험들로 누군가에게 작은 감동을 줄 수 있는 책을 쓸 수 있다는 것을 알게 된 것이다.

연배가 높으신 분들이 아이들 챙기며 바쁘게 생활하는 젊은 아이 엄마들을 보며 '그때가 좋을 때다'라고 하시는 게 다 맞는 말씀인 것 같다. 그래서 되도록 아이들을 챙기는 이시간이 행복한 시간임을 받아들이려고 애쓴다. 어느 날 갑자기 아들들과 대화가 끊기게 되는 일이 없도록 친구처럼 사소한 이야기를 나누기도 하고 조금씩 아이들에 대한 마음을 내려놓기도 한다. '곧 내 품을 떠나겠지' 아이들도 스스로의 삶을 살아갈 것이라고 생각하며 조금씩 마음을 내려놓는다.

바인더를 배우면서 꿈 리스트를 적게 되었는데 아직 하고 싶은 것이 이렇게 많다니…. 적어 놓은 나의 꿈 리스트를 보니 벌써부터 행복해진다. 가끔 펼쳐볼 때마다 내가 이루고 싶은 것들을 다시 생각하게 되고 그것을 이루기 위해서 움직이고 있는 나를 발견하게 된다.

우리 자녀들에게도 이런 것들을 알려주고 싶었다. 아이들마다 타고난 재능을 엄마가 알아보고 아이들과 많은 이야기를 나누며 아이고 하고 싶은 것을 찾아주는 엄마가 되고 싶었다. 엄마가 먼저 엄마의 꿈을 이루어 가는 모습을 보여 주면 아이들은 엄마의 뒷모습을 보며 따라 하지 않을까 생각한다.

아이들에게 책을 읽어 보라고 잔소리를 늘어놓기 전에 주말에 아이들과 편하게 도서관으로 가 본다. 중학생인 둘째가 만화책을 읽으며 놀더라도 함께 간다. 그렇게 가다 보니 둘째는 시간이 나면 혼자서도 도서관으로 향한다.

주말이든 평일이든 시간이 남을 때마다 범어도서관에서 시간을 보내다 보니 그곳에서 진행하는 좋은 프로그램이 있다는 것을 알게 됐다. 도서관에서 진행하는 과정 중 '글로벌수성여성아카데미' 과정을 듣게 되었는데 매우 유익한 시간이었다. 매주 목요일마다 저녁 7시부터 9시까지 진행되었는데, 지역 내 여성리더를 양성하는 과정이었다. 그곳에서 동기 분들과 귀한 강의도 함께 들었고, 봉사와 나눔도 함께 실천하게 되었다.

주위에 둘러보면 이렇게 좋은 강의들이 많이 있는데 미처 몰랐던 것 같다. 자녀들이 학교에서 공부를 하듯이 엄마들도 뭔가를 찾아 배움의 시간을 갖는 것이 매우 중요하고 아이들도 조금씩 성장하고 있는 엄마의 이야기를 듣게 되면 엄마를 더 존경하게 되는 것 같다.

넓은 세상을 둘러보면서 많은 것들을 경험하게 되었고 올해 6월 16일이 되면 퇴직한지 만 3년이 된다. 3년이란 시간 동안 직접 경험하면서 배우게 된 것들을 바탕으로 나와 같은 일을 겪을 누군가에게 도움이 되는 일을 준비해 보려고 한다. 2017년 한 해는 그런 시간이 될 것이다.

나처럼 3년 동안 시행착오를 겪지 않고도 누군가 평생 즐겁게 할 수 있는 일을 찾을 수 있도록 도와주는 역할을 하고 싶다.

나는 여전히 일하고 있다

평범한 주부라면 아침에 일어나 아이들을 등교시키고 집안일을 한다. 좀 피곤한 날엔 집안 정리를 잠시 미뤄두고 다시 침대에 누웠다가 일어나기도 한다. 특별한 약속이 있으면 일찌감치 서둘러 외출 준비를 하겠지만 말이다.

직장생활을 오래한 나는 아침에 애들을 보내고 바로 집안 청소를 한다. 매일 방을 쓸고 닦지는 않더라도 방바닥에 떨어진 물건들을 제자리에 놓는다. 각 방마다 이불은 침대 위에 가지런히 정리하여 올려두고, 밀대로 바닥 정도는 닦는다.

서둘러 집안 청소를 하고 오전 8시 전에 거실에 있는 책상에 앉으려고 노력하는 편이다. 회사를 그만두고 며칠 되지 않았을 때는 내가 왜 이렇게 대낮에 집에 있나 하는 생각에 아무것도 하기 싫어서 기운 없이 있던 적도 있지만, 퇴직을 받아들인 뒤로는 거실에 있는 책상이 나의 회사 책상인 것처럼 가서 앉았다.

그렇게 오전 7시 40분에서 8시 사이에 거실 책상에 앉아서 바인더를 보며 오늘 해야 할 일을 체크한다. 미리 계획된 일들을 시작하기도 하고 책을 읽기도 한다.

몸이 조금 나른한 날에는 오히려 밖으로 나간다. 집에 있게 되면 눕기 쉽고 그렇게 되면 아무것도 하지 못하고 침대에서 뒹굴뒹굴할 것 같아서 집에 있지 않고 외출 준비를 해서 카페로 간다. 내가 자주 가는 곳은 만촌동에 있는 카페다. 주차 공간도 넓고 이층으로 올라가면 많은 사람들이 조용히 뭔가를 한다. 가끔은 학부모들의 모임공간이 되기도 하지만 장소가 꽤 넓다 보니 조용한 편이다.

피곤한 날 집에 있으면 침대에 눕고 싶고 쉬고 싶어지기 때문에 아예 밖으로 나간다. 평일 날 약속이 있으면 미리 준비해서 그곳에서 노트북으로 강의 준비를 하거나 책을 쓴다. 이곳은 나의 아지트나 마찬가지다.

3P바인더 마스터과정과 독서리더과정을 마친 뒤 한두 번씩 강의를 하게 되면서 나만의 콘텐츠를 만들어야겠다는 생각을 하게 되었다. 가끔씩 외부에서 경력단절여성을 대상으로 하는 강의 요청이 들어오는 경우가 있는데 수강을 듣는 교육생들에게 꼭 맞는 맞춤교육 콘텐츠를 개발해야겠다는 생각을 하게 되었다. 여성분들이 왜 일을 해야 하는지, 어떻게 꿈을 찾아 가는지 몇 차례의 강의 때 반응이 좋았던 것들을 가지고 나만의 교육 과정을 만들고 있다.

또 가끔 작은아이 친구 엄마들 중 첫아이를 키우는 엄마들을 만나게 되는데 그 엄마들에게 뭔가를 알려주고 싶다는 생각이 들었다. 엄마로서 선배가 되는 것은 엄마의 나이로 결정되는 것이 아니라 첫아이의 나이에 따라서 결정되는 것 같다. 아이를 먼저 키운 엄마로서 중학생 시기에 아이들에게 어떤 교육이 필요한지, 고등학생 시기에 어떤 준비를 해야 하는지 엄마들이 알아야 할 것들에 관련된 자료를 만들고 있다. 내가 큰아이를 키울 때도 다른 엄마들에게서 정말 많은 도움을 받았었는데, 이제는 내가 그 역할을 해 주고 싶었다. 엄마들의 모임에서 말로 알려 줄 수도 있지만 강의 형태로 뭔가를 준비해 놓고 나면 언젠가 활용이 될 것 같아서 준비를 하고 있다. 자녀교육과 관련하여 책 속에서 뭔가 하나의 메시지를 찾게 되면 그것을 우리 아이들의 이야기와 접목하여 하나의 콘텐츠를 만들어 놓기도 한다.

배운 것들을 그대로 내 머릿속에나 마음속에만 가지고 있다면 그것은 시간이 지나면 무용지물이 될 것 같아서 좋은 걸 알게 되면 정리해두는 습관이 생겼다.

최근에 여러 가지 생각할 시간이 많다 보니 다양한 생각을 하게 된다. 50대에 여성CEO가 되고 싶다는 꿈을 갖게 되면서 어떤 일로 사업 아이디어를 기록하게 되는데 멀리서 찾지 않기로 했다. 내가 가장 잘 할 수 있는 것, 지금까지 잘 해오던 것에서 찾는 것이 좋겠다는 생각이 든다.

예를 들어 '주부'도 하나의 직업이라 생각할 수 있다. 집안일 중 재미있는 일들에 매뉴얼과 시스템을 만들면, 그것도 사업이 된다는 생각을 많이 하게 된다. 어떤 주부는 정리정돈으로, 어떤 주부는 집안 청소로 사업을 차리게 되는 것처럼 말이다. 집에서 아이들을 가르치다가 과외 선생님이 되는 경우와 비슷하다.

지난해 이지성 작가의 책 『리딩으로 리드하라』를 읽고 많은 반성을 했다. 소문난 삼류 학교 시카고 대학이 노벨상 왕국이 된 사연을 읽으면서, 인문고전 독서의 중요성을 다시 한 번 생각하게 되었다. 세종대왕은 왜 그토록 독서를 했는지, 집현전 학자들에게 무엇을 전하고자 했는지 책을 읽으면서 알게 되었다.

내가 독서의 중요성을 몰랐을 때는 아이들을 수학, 과학 선행 학원으로 보내기에 바빴다. 그러다 독서를 왜 해야 하는지를 조금씩 알게 되면서 작은애가 중1 때는 독서모임을 만들어 몇 번 진행하기도 했다. 둘째 학부모들과 반모임을 하는데 아이들에게 독서가 얼마나 중요한지, 중학생 아이들이 알아야 할 것은 시간관리 하는 방법이고 스스로 생각하는 힘이라고 이야기를 했더니 그곳에 모인 엄마들이 아이들 독서모임을 한 번 해 주기를 요청했다.

그렇게 시간관리와 독서법에 관한 자료들을 모두 모아 작은애 반 친구들과 일요일 오전에 독서모임을 진행했다. 그런 경험을 하면서 이렇게도 나의 일을 만들어 나갈 수 있겠다는 생각을 하게 되었다.

아이 엄마들에게 나눔을 실천하다 보니 엄마들이 어떤 부분에 관심이 많은지를 알게 되었고, 내가 잘 알고 있는 부분에 대해 자료를 더 수집하다 보니 이제는 전문가적인 지식을 갖추게 되는 것 같다. 진로진학상담사와 다중지능평가사를 공부한 것을 우리 아이들과 주변 아이들에게 알려주고 접목하다 보니 고등학생들 비교과활동에 대한 준비도 다른 엄마들보다 많이 알게 되었고, 고등학교에 들어가는 학생들에게 컨설팅을 해 줄 수 있는 수준이 되었다. 이렇듯이 어느 하나 소홀하지 않게 열심히 하다 보면 내 일로 연결이 되는 것 같다.

우연히 남편이 소개해 줘서 『인생의 차이를 만드는 독서법 본깨적』 이라는 책을 읽었는데, 거기서 강규형 대표님을 알게 되었다. 그분께서 강의한 모든 동영상을 인터넷에 찾아보고는 관련된 책을 구입하여 읽고 3P바인더를 구입했다. 그렇게 바인더와의 인연을 시작했다. 그때도 책만 읽고 덮었더라면 바인더를 알지 못하였을 것이다. 저자가 이야기 하는 강규형 대표님은 어떤 분이실까 궁금했고 그분에 대한 모든 것을 찾다 보니 나도 지금은 3P바인더 강의를 하고 있다.

마음이 통하는 친구가 있는데 그 친구가 하는 일이 잘 되었으면 좋겠다는 생각을 했다. 어떻게 하면 그 친구가 지금보다 좀 더 일을 효율적으로 하면서 성과를 낼 수 있을까 고민도 많이 했다. 그런 생각으로 조금씩 조언해 줬을 뿐인데 친구 일이 점점 잘되어가는 게 아닌가. 나도 기쁘고 친구도 좋은 일이었다. 한두 번 조언을 하며 잘되길 응원하다 보니 어느새 친구와 함께 일을 하고 있었다. 직장에 소속되어 일하는 게 아니더라도 주위를 둘러보면 할 일들이 많은 것 같다. 함께하는 사람들이 모두 잘되길 바라는 선한 생각을 하다 보니 점점 방법을 찾게 되고 매뉴얼을 만들게 된다. 이게 바로 내가 하고 싶었던 일이다.

매월 천만 원 이상의 수입을 갖는 것이 나의 꿈이다. 내가 하고 싶은 공부, 아이들 뒷바라지, 집안일을 다 하면서 일주일에 하루 이틀만 일하고도 '월천여사'가 되고자 한다. 수입이 많다 보면 여유가 생기고 행복해지며 나눔도 많이 실천할 수 있게 되기 때문이다.

퇴직 후에도 회사에 출근하듯 아침마다 오전 8시에 거실 책상에 앉아서 내 마음이 가는 것에 대해 공부를 하고 책을 읽고 고민한 결과들이 조금씩 결과로 나타나려고 하는 것 같다. 너무 설렌다. 올 한해 나의 프로젝트는 나만의 콘텐츠를 만들어 가는 것인데 조금씩 윤곽을 드러내는 것 같다.

내가 먼저 경험하여 알게 된 것들을 나누는 일과, 내가 먼저 경험하면서 힘들었던 부분을 나눠서 다른 사람들은 힘들지 않게 시간을 아끼도록 도와주는 일을 하고자 한다. 더 많은 사람들이 본인이 생각하는 삶을 살아가면서 행복해지는 방법을 찾아주고자 나는 오늘도 만촌동 카페에서 책을 쓰고 있다.

공부하는 삶

『40대, 다시 한 번 공부에 미쳐라』라는 책을 추천받아서 읽었다. 김병완 저자의 책이다. 거기에 '40대 공부는 선택이 아니라 생존의 필수 전략이다!'라는 내용이 나온다.

이 책을 소개해 준 교수님은 나와 연배가 같은 교수님이셨는데 조금은 독특하신 분이라 수업을 듣는 학생들 사이에 호불호가 갈렸다. 하지만 나는 도움을 많이 받아서 교수님께 늘 감사하게 생각했다. 교수님께서는 우리가 들고 다니는 스타벅스 커피 2~3잔 값이 책값이라며 커피 값을 아껴 책을 많이 읽으라고 늘 강조하셨다.

개인적으로 책을 추천해 주시는 분들을 좋아하는 편이다. 내가 책을 좋아하다 보니 누군가가 책 소개를 해 주시면 책 제목을 꼭 메모해 놓는다.

요즘은 스마트폰이 워낙 잘 되어 있어서 누군가가 책 소개를 해 주면 스마트폰에서 '교보문고' 앱을 열어 바로 소개받은 책을 검색해서 장바구니에 담아 놓는다. 강의 중에 핸드폰을 검색할 수 있는 상황이 되지 않는다면 반드시 메모를 해 두었다가 검색해 보고 장바구니에 담아 놓는다.

책은 그 분야에 전문가인 사람의 지식을 고스란히 담아 둔 것이므로, 어떤 분야에 대해 깊이 있게 알고자 한다면 책을 읽는 것이 큰 도움이 된다고 생각한다. 그래서 내가 배우고자 하는 분야의 강의를 듣기도 하고 유튜브를 통해 관련 동영상을 찾아보기도 하지만 더 깊이 세부적으로 알고자 한다면 책을 찾아보는 편이다.

다중지능평가사에 대한 것을 배우면서 우리 아이들의 강점은 더 키워주고 약점은 보완하도록 하고 싶었다. 그래서 어떻게 코칭을 해주면 좋을까 고민하다가 관련 책을 구입을 하게 되었다.

처음에 다중지능 검사 결과지를 해석할 때는 미처 보지 못했던 것들도 관련된 책을 읽고 나니 보이기 시작했다. 우리 가족의 검사결과와 책을 펼쳐두고 비교해 보기도 하고 각 유형별로 우리아이들의 특징을 비교하다 보니 학습 효과가 훨씬 더 좋은 것을 경험하게 되었다.

아직 많은 경험을 하지 못하였지만 다산 정약용 선생님처럼 나도 그렇게 공부를 하고자 한다. 18년 유배생활 중 500권에 이르는 방대한 저서를 완성을 하신 다산 선생의 지식경영법처럼, 관심이 있는 분야를 공부를 하고 새롭게 알게 된 지식을 책으로 엮어 나누는 것이 진정한 공부라 생각한다. 'K-MOOC'에 소개된 정민교수님의 강의 중 '다산선생의 지식경영법'을 듣고 많은 도움을 얻었다. 제대로 된 공부를 하려면 어떻게 해야 하는지, 지식화는 어떻게 해 나가야 하는지를 알게 되었다.

젊었을 때 하지 못하였던 공부를 다시 시작해 보고 싶었다. '40대의 공부는 선택이 아니라 필수'라는 김병완 저자의 메시지를 그냥 흘려보내지 않았다.

그렇게 대학원 공부를 시작하게 되었다. 오랜 직장생활을 한 노하우와 이론적인 지식을 결합하면 분명 유리한 점이 있을 것이라 생각하고 영남대 경영대학원 석사과정을 듣게 되었다. 교수님들 중 나와 연배가 비슷한 분들도 많았다.

비슷한 연배의 교수님들을 뵐 때마다 그렇게 반가울 수가 없었다. 같은 시대에 초등학교를 다니고 중·고등학교를 다녔다는 생각을 하면 편안해지고, 그 시대의 문화를 같이 누렸기에 공감되는 부분이 많다. 그렇다고 교수님들을 편하게 생각하는 것은 절대 아니다.

대학원 첫 학기에 '경영학 연구' 강의를 해 주신 교수님이 계셨는데, 뛰어나게 잘생기거나 키가 크신 것은 아니지만 교수님답게 말씀도 유쾌하게 잘하시고 여러 분야에 지식이 많으셔서 존경스러웠다.

직장생활을 하면서도 비슷한 연배의 분들은 만났었지만 교수님처럼 지식이 많고 학생들을 생각하는 마음이 깊은 분을 만난 적은 없는 것 같다.

수업 진행도 명확하게 하시고 거침없이 적절한 사례를 들어 주셨다. 저녁 7시부터 수업을 진행하는데 수업을 마치고 매일 저녁 함께 식사를 하며 수업 때 나누지 못하였던 많은 이야기를 들려주셨다. 학생들에 대한 관심과 사랑이 없으면 할 수 없는 것이라 생각한다. 한 학기 동안 단 하루도 빠지지 않고 저녁식사를 같이 하다 보니 우리 동기들은 인원이 적었음에도 불구하고 단합이 잘 됐다. 교수님께서는 부모님처럼 나이 많은 학생들 한 사람 한 사람에게 관심을 가져 주셨다. 그 점에 대해 진심으로 감사드린다. 제자들을 잘 키우겠다는 교수님의 사명감 같은 것이 느껴지는 시간들이었다. 뒤늦게 시작한 학교생활에서 이렇게 좋은 교수님을 뵐 수 있어 감사했다.

"사람은 역시 배워야 해" 옛 어른들께서 하시는 말씀들이 새삼 와 닿았다. 석사과정으로 시작한 대학원 공부를 박사과정까지 마치는 것이 나의 목표가 되었다.

공부하는 것을 스포츠에 비유하자면, 후보 선수가 주전이 되기 위한 준비기간이라고 할 수 있다. 주전선수가 된다는 생각만으로도 얼마나 행복한지 모른다. 아는 만큼 보이는 세상, 내가 많은 것을 알게 된 뒤에 보는 세상은 더 아름답고 행복해 보인다. 내가 적어 놓은 꿈들이 이루어질 것을 생각하며 하는 공부가 얼마나 즐거운지 모른다. 어렸을 때 하는 공부와 나이 들어서 필요로 하여 하는 공부는 또 다른 것 같다. 나와 같은 생각으로 대학원에 오게 된 많은 분들 또한 얼마나 귀한 인연인지 모른다. 배움을 통해 뭔가를 깨우치는 것이 얼마나 감사하고 행복한지 모른다. 배움 그 자체만으로 감사하다.

내가 몰랐던 것을 알아가는 재미가 있고, 배움을 통해 미래에 내가 하고 싶은 일들에 점점 가까워지는 듯한 느낌이 든다. 나의 인생이 풍부해지는 것 같다.

아이들은 시험기간이 되면 시험 준비를 하느라 가끔은 힘들어 하며 공부를 한다. 물론 나도 그때는 그랬던 것 같다. 그런데 지금은 시험 준비도 즐겁다. 내가 이렇게 공부를 즐기는 것을 아이들도 보면 배울 것이라 생각한다. 엄마가 늘 책을 읽고 늦은 나이에 공부를 했던 기억이 아이들에게 남을 것을 생각하니 그 또한 즐겁다.

작년에는 바인더와 독서에 대해 공부를 했고, 지금은 자녀교육에 대해서 공부를 하고 있다.

뜻이 있으면 길이 보인다는 말이 맞는 것 같다. 바인더와 독서를 배우면서 나름대로 나만의 콘텐츠를 만들어서 가까운 지인들에게도 알려줬다. 수입 모델로 가지고 가고자 콘텐츠 고민을 많이 했지만 뭔가 부족함을 느꼈다. 강의를 하려면 마케팅도 매우 중요한데 거기에서도 어느 정도 한계를 느꼈다. 그런데 마침 그것을 보완할 교육 과정을 알게 된 것이다. 일주일에 하루 이틀 일하고 '월천여사'가 되고 싶은 나의 꿈을 이루려면 꼭 필요한 교육이라 생각되어 또 한 번 배움으로 나에게 투자를 하려고 한다. 매주 토요일마다 SRT를 타고 서울을 오가며 성장하게 될 나를 상상하며 어떠한 자세로 배움을 키워나갈지 벌써 준비를 하게 된다.

단순한 강의가 아니라 '1인지식기업전문가'가 되기 위해 스스로 콘텐츠를 만들어 가는 과정이라고 한다. 지금은 대구에서 서울까지 다녀가며 11주 동안 배우겠지만, 멀지않은 미래에 이 과정을 내가 대구에 개설하여 진행하는 그날이 올 것이다.

퇴직을 앞둔 많은 사람들이 있다. 그 사람들이 나처럼 귀한 시간을 그냥 보내지 않게 내가 도와주고자 한다. 먼저 경험한 선배로서 고민한 것을 나누면 좋을 것이다.

자녀들도 본인의 적성에 맞는 원하는 전공을 찾고 대학에 들어간 뒤에 더 재밌게 공부하고 배우는 재미를 맘껏 느낄 수 있도록 지도해주고 싶다. 부모와 아이들 모두 각자의 꿈을 이루며 행복한 삶을 살아 갈 수 있도록 돕는 역할을 내가 하고자 한다.

많은 이들이 살아가면서 가치 있는 일을 찾아 실천하는 아름다운 삶을 살기를 바란다.

기록으로 남기는 삶, 3P바인더

숙희는 어릴 때부터 한 마을에서 자란 친구이자 여고 동창이다. 숙희는 베트남에서 생활한지 벌써 10년이 되었다. 숙희 아들 태건이가 우리 성민이랑 나이가 같다. 남편이 직장에서 베트남으로 파견을 가게 되면서 숙희도 베트남에서 생활을 하게 되었다.

해외에서 생활한다는 것이 얼마나 외롭고 힘들었을까. 숙희는 성격이 좋은 편이라 그나마 잘 적응을 하며 잘 살고 있는 것 같다. 아이들 방학이 되면 함께 놀러 오라고 몇 번이나 이야기를 했던 터라 친구들이 시간을 맞춰서 함께 가게 되었다.

베트남으로 가는 비행기 안에서 『성과를 지배하는 바인더의 힘』이라는 책을 읽었다. 책을 주문해 놓고 미리 유튜브로 동영상을 찾아 본 터라 책장이 잘 넘어갔다.

베트남 여행을 마치고 돌아온 뒤에는 여행 다녀온 사진들을 정리하고 바인더로 새해 계획을 세우기 시작했다. 3P바인더과정을 듣고자 알아보니 본사에서 진행하는 프로과정은 벌써 마감이었다. 대구 '꿈벗컴퍼니'에 전화를 걸어 1월 22일 진행되는 코치과정에 참석을 하고 싶은데 대구에서 프로과정을 개설해 줄 수 없냐고 요청을 했다. 바인더 책을 읽고 나니, 바로 이것이 나의 삶을 바꾸어줄 좋은 도구가 될 것이라는 생각이 들었기 때문이다.

1월 21일 대구에서 프로과정을 듣고 바로 다음 날 새벽 5시에 일어나 양평에 있는 '코바코 연수원'으로 향했다. 가는 길에 괴산 휴게소에서 우거지 정식으로 아침을 해결하고 8시 40분에 '양평 연수원'에 도착했다.

가는 길에 집으로 전화를 해서 큰아이에게 등교 준비를 하라고 얘기하고 도착해서는 아이들 동아리 구성과 관련하여 학부모들과 전화를 했었다. 이런 일들이 내 바인더에 기록되어 있다. 교육을 받은 동안 찍은 사진 몇 장이 붙어 있어 바인더를 처음 받을 때 우리 팀이 누구였고 어떻게 앉아서 교육을 받았는지도 기억이 난다.

교육을 마치고 대구에 내려온 시간과 다녀와서의 나의 일상들이 빠짐없이 기록되어 있다. 1년 반이나 지난 시간들이 어제의 기억처럼 선명하다.

1박 2일 동안 진행된 '3P코치과정'은 지금까지의 내 삶에서 중요한 터닝 포인트이다. 책을 읽고 기록했던 것과 코치과정을 듣고 와서 한 기록은 많은 차이가 있었다. 교육 과정 중에 온 정성을 쏟아 첫날 열강해 주신 강규형 대표님과 저녁 시간에 본격적으로 바인더 세부적인 사용법을 설명해 주신 담당 마스터님 덕분에 정말 유익한 시간을 보냈다. 대구로 내려와서는 이제 배운 대로 나의 시간을 계획하고 기록해 보기 시작했다.

내가 하고 싶은 일들이 무엇인지, 어떤 삶을 살아가고자 하는지 생각하는 시간을 갖고 나의 사명을 기록해 보고, 지금까지 막연하게만 생각했던 나의 평생 계획도 세워보고, 올해 계획과 월간 주간계획까지 세웠다. 오롯이 나를 위한 시간이었던 것 같다. 시간이라는 것이 눈에 보이지 않기 때문에 지나고 나면 아무것도 없는 것이고 나의 기억 속에만 어렴풋이 남았는데, 바인더를 쓴 뒤로는 나의 하루 시간들이 눈앞에 보이는 게 아닌가.

이순신 장군이 『난중일기』를 기록하여 중요한 기록을 남긴 것처럼 나의 인생이 기록되어 눈앞에 보이니 얼마나 좋은지 모른다.

기록도 기록이지만 바인더에 나의 삶의 목표와 이루고 싶은 꿈을 기록하게 되고 그것들을 매일 보게 되니 내가 살고 싶은 대로 움직이고 있다는 것이 느껴졌다. 생각만 갖고 살아갈 때와 차이가 나는 것이 느껴졌다. 나의 생각이 글로 기록이 되고 그것을 보게 되니 행동하게 되었다.

매일 매일 내가 사용한 시간을 기록을 통해서 보게 된 후로는 시간을 관리하기 시작했다. 지난 시간의 바인더를 펼쳐보니 몇 월 며칠의 중요한 일은 무엇이었는지 기록되어 있었다. 아침부터 저녁까지 내가 보낸 시간들, 나의 생각과 느낌도 기록되어 있었다. 시간이 지났지만 기록된 시간을 보니 다시 그날로 돌아간 듯한 착각이 들 정도이다.

2016년 2월 4일 내 바인더 기록을 보니 둘째 희승이 초등학교 졸업식 날이었다. 이날은 동생인 명화 생일날이기도 했다.

이날 'To do list'에는 메인바인더 정리, 이메일 확인, 성과를 향한 도전 본깨적 작업, 오성고 졸업이 적혀 있었다. 오성고 졸업식이라서 큰아이가 등교를 안 한 날이다. 오전부터 저녁까지 내가 보낸 하루의 기록들을 읽어 보니 재미있었다.

작은아이가 졸업식 날에 창의력 표창을 받았던 일과 여동생과 함께 점심을 먹으러 돈가스 집에 갔다는 일도 기록되어 있다. 오성중학교에 배정을 받아서 이사를 갈까 생각했던 것까지 기록이 되어 있다.

바인더가 없었더라면 내가 지난 내 삶을 돌아 볼 수 있었을까? 하루를 어떻게 보냈는지, 내가 어떤 생각을 했는지, 그날 무슨 책을 읽었는지 등 한 달 전의 시간도 제대로 기억하기 힘들 수도 있다.

시간을 기록한다는 것은 잘못 보낸 시간을 반성하고 시간을 관리하게 만든다. 깨알같이 기록된 나의 시간을 보고 있자니 내가 참 열심히 잘 살고 있구나 하는 생각이 들었다.

나의 삶을 누구에게 보여 주고자 살아가는 것은 아니지만 언젠가 내가 생을 마감을 하고 나의 아이들이 나의 삶을 살펴볼 기회가 생긴다면 우리 엄마가 이렇게 시간을 귀하게 사용하셨다는 것을 알게 되지 않을까. 아이들에게는 그 이상의 가르침이 있겠냐는 생각이 든다.

내가 살아가는 삶 속에는 실패의 시간이 있을 수도 있고 성공의 시간이 있을 수도 있다. 하지만 이러한 기록들을 되돌아보면 잘못된 시간을 되풀이 하는 일이 줄어들 거라고 생각한다.

바인더는 정말 대단한 도구인 것이 분명하다. 바인더를 만난 지 1년이 조금 넘어가는데 정말 많은 일들을 하게 되었다. 인생의 목표와 평생의 계획을 기록하면서 내가 어떤 일을 하고 싶은지 종이위에 펜으로 적다 보니 신기하게도 뭔가 이루어진다.

바인더에는 놀라운 비밀이 숨겨져 있다. 작년에 도쓰카 다카마사가 쓴『세계 최고의 인재들은 왜 기본에 충실할까』라는 책과 브라이언 트레시의『백만불짜리 습관』이라는 책을 읽었는데, 이 책들에 나오는 많은 내용들이 바인더에 녹아 있었다. 바인더는 전혀 새로운 뭔가는 아니지만 두 책에서 강조하는 것을 실제 활용할 수 있는 도구라는 점에서 유용하다. 그래서 나는 누구에게든 바인더를 소개한다.

내가 해 보고 좋은 것들은 많이 나누는 편인데 첫 번째로 알려주고 싶은 것이 바로 바인더다. 젊은 학생들이든 대학생이든 성인이든 본인이 살아가는 이유를 찾고 이루고 싶은 꿈을 기록하고 삶의 관리할 수 있는 놀라운 도구이다.

자주 가는 카페에서 내 옆 테이블에 누군가가 있다면 상황을 봐서 바인더를 소개해 주기도 한다. 내가 잘 모르는 사람들이지만 바인더를 통해 내가 성장하고 꿈을 이룬 것처럼 그들도 그렇게 되기를 바란다. 그런 마음에서 소개를 해 주는 것이다.

3P바인더 마스터과정까지 마친 나는 프로과정을 개설할 수가 있다. 누구든 관심 있는 분이 있다면 강의를 진행한다. 프로과정을 통해서 시간을 기록하고 관리하는 것이 습관화되면 코치과정을 통해서 본인 스스로의 삶을 정리하는 것을 추천한다. 이 과정을 통해 많은 사람들이 스스로가 성장함을 느끼게 되기 때문이다. 오늘도 바인더로 하루를 시작하고 마감한다.

예전에 지점장후보과정 때 '플랭클린 플래너'를 알게 된 것에 감사해 했는데 바인더는 그 이상이다. 매년 '플랭클린 플래너' 속지를 주문하면서 3P바인더를 슬쩍 본 기억이 나는데 그때 자세히 더 알아보지 못한 것이 후회가 되었다. '조금 더 일찍 알았더라면 좋았을걸' 하고 말이다.

지금이라도 바인더를 알게 된 것을 감사할 뿐이다. 바인더와 함께 성장해 가고 있는 나의 삶을 기록하며 하루를 마무리한다.

독서를 통한 성장

'Bind & Book' 바인더를 만나면서 책을 본격적으로 읽게 되었다. 예전에는 한 달에 한 두 권 정도 책을 구입하는데도 그걸 다 읽지 못하기도 했다.

바인더코치과정 진행 중에 강규형 대표님께서 연간 독서 목표를 기재를 하라고 하셨다. 최소 50권을 일단 적어보라고 말씀하시는데 나도 연간 독서 목표를 50권으로 적었다. 적으면서도 과연 내가 읽을 수 있을까? 그냥 목표로만 남는 게 아닐까 하면서도 일단 기재를 하라고 하니 적어 보았다. 신기하게도 바인더에 연간 독서 목표를 적어 놓으면서부터 본격적인 독서가 시작되었다.

1년에 50권의 책을 읽는다는 것만 생각하면 가능할까 싶지만 세부적인 목표로 쪼개 보면 충분히 가능한 일이라는 걸 알 수 있다. 1년은 52주이므로 설 명절, 추석 명절을 제외하더라도 매주 한 권만 읽으면 50권을 읽을 수 있다.

300페이지 정도 되는 책을 일주일에 한 권 읽으려면 매일 50페이지 분량을 읽으면 된다. 하루에 30분에서 한 시간 정도 매일 책을 읽게 되면 일주일에 한 권의 책을 읽는 것이다. 시작해 보기로 했다. 2개월 동안 진행되는 바인더코치과정에 필독서 6권을 읽고 리포트를 제출하는 과제가 있었는데 그때부터 본격적으로 책을 읽게 된 것 같다.

예전에는 눈으로만 책을 읽었다. 가끔 괜찮은 책을 읽게 되면 가끔 연필로 줄을 몇 줄 긋거나 포스트잇을 붙여 놓는 정도만 했다. 그런데 바인더와 함께 '본깨적' 방식의 책읽기를 배운 뒤로는 책 읽는 방법이 달라졌다.

저자가 말하고자 하는 내용이 어떤 내용인지 생각을 하며 책을 읽고 내가 몰랐던 지식이나 잘못 알고 있었던 내용 등을 줄을 그으면서 책을 읽는다. 책속에서 내가 알게 된 지식에 줄을 긋는 것이다. 책을 읽으면서 깨닫게 된 것, 나의 생각들을 책 여백에 적고 그중에 내 생활에 적용할 부분도 책 여백에 기록을 해둔다. 매주 일요일 저녁까지 그렇게 읽은 내용을 PC로 정리하여 제출했는데 2~3일의 시간이 걸렸다.

책을 읽으면서 기억에 남는 부분은 줄을 긋고, 나의 생각도 기록을 하고, 책 속에서 알게 된 내용 중 내 생활에 적용할 부분이라든지 아이디어 들을 기록을 해두게 되니 확실히 전과 달랐다. 시간이 흘러 다시 그 책을 펼쳤을 때 줄을 그은 부분과 내가 메모해 둔 내용만 읽어도 그 책의 내용들이 대부분 기억이 난다는 점이 좋았다.

처음에는 코치 과정의 과제를 제출하기 위해 일주일에 한 권씩 책을 읽었지만 2개월간 그렇게 하다 보니 바인더에도 매주 읽게 될 책을 기재를 하게 됐고 하루에 책 읽을 시간을 따로 만들게 됐다. 이제는 책 읽는 게 습관이 되었다. 책을 읽고 내가 읽을 책을 바인더 '북리스트' 기록하는데 써둔 책이 늘어날수록 뿌듯했다.

그렇게 서서히 새로운 세상에 눈을 뜨기 시작했다. '이래서 많은 사람들이 책을 읽는구나' 하는 생각이 들었다. 아는 만큼 세상이 보이기 시작했다. 독서법에 대해 더 배우고 싶은 생각에 '3P자기경영연구

소' 박상배 본부장님께서 진행하는 독서리더과정을 수강하기로 했다. 독서리더과정에서 독서를 통해 제대로 성장했던 것 같다. '본깨적' 방식의 독서법을 통해 생각하는 힘을 키워 가고, '원 북 원 메시지'를 실천하는 법을 배우게 되었다.

중학생이 된 둘째 아이가 사춘기가 시작되면서 한참 예민해졌다. 기분이 좋은 날도 있고 그렇지 않은 날도 있었다. 그때 조벽 교수님과 최성애 박사님의 『내 아이를 위한 감정코칭』이라는 책을 읽고 거기에 나오는 내용을 둘째 아이에게 적용해 보았다. 초등학교까지는 장난치는 것을 좋아하고 마냥 즐겁게 학교생활을 하던 둘째가 조금씩 변하는 것 같았기 때문이다. 초등학교 졸업 후 중학교 입학식을 하고도 3월까지는 아직은 어린 초등학생인 것 같았다. 변성기도 오지 않았고, 중학생 교복을 입은 초등학생 같았던 둘째가 어느 순간 변했다. 초등학교 때는 학교를 마치고 오면 그날 있었던 재미난 일들을 엄마에게 이야기하기도 하고 딸처럼 재잘거리더니 더 이상 그러지 않았다. 이제는 엄마가 모르는 뭔가가 생긴 듯 했고 나로서는 궁금한 것을 넘어 불안해지기 시작했다. 도대체 무슨 생각을 하며 다니는지 궁금했다.

고등학생인 큰아이에게 물어봤다. 동생이 요즘 무슨 생각을 하는지 도통 알 수가 없어서 불안하다고 했다. 그랬더니 큰아이의 말이 남자아이들은 게임, 운동에 대한 주제로 이야기를 하면 된다고 했다. 우선 둘째가 무슨 생각을 하고 있는지 파악하는 것이 가장 큰 문제인 듯했다.

『내 아이를 위한 감정코칭』에 '아이의 뇌는 리모델링 중'이라는 내용이 있었다. 청소년기에 리모델링에 들어간 전두엽은 남녀 평균 27세에서 28세까지 온전한 기능을 하지 못한다는 것이었다. 그래서 엄마들이 아이들에게 '너는 도대체 생각이 있는 거니, 없는 거니'라고 잔소리를 하게 된다고 했다. 청소년기는 생각의 뇌, 이성의 뇌가 아이에서 어른이 되기 위해 발버둥 치는 과정이었다. 그러니 먼저 어른이 된 엄마들이 도와줘야 한다고 했다. 자유로운 영혼인 둘째아이의 뇌도 리모델링 중인 것이었다.

중학교 1학년 엄마들끼리 반모임을 하면 다들 아이들이 도대체 무슨 생각을 하는지 알 수가 없다고 했다. 씻지도 않고, 말도 안 하니, 학교에서는 졸지 않고 제대로 공부를 하는지 모르겠다는 것이다.

엄마인 나는 독서를 통해 올바른 가치관을 형성해 주고 싶고, 스스로 공부하는 습관을 만들어 주고 싶고, 학원 숙제를 제대로 해 갔으면 좋겠다는 생각을 했다. 하지만 중학교에 들어간 둘째는 그때 엄마가 스마트폰을 사주기를 원했고, 게임을 하고 싶어 했고, 새 자전거를 사고 싶다는 생각뿐이었다.

엄마의 생각과 중학생이 된 아들의 생각은 이렇게 다르니 아이를 케어 하기가 쉽지 않은 게 당연했다. 이 때 『내 아이를 위한 감정코칭』의 다른 구절에서 도움을 얻었다. 아이들의 감정에 대해 공감과 이해부터 해 주고 나면 행동의 한계를 정하는 일은 그리 어렵지가 않다는 것이었다. 어릴 때부터 아이에게 '감정코칭'을 해 주는 것은 아이가 스스로 원하는 바를 분명히 알고 찾을 수 있도록 GPS를 심어주는 것과 같다고 했다. 감정코칭의 중요성을 깨달았다.

자유는 인정하되 행동의 한계는 분명히 하라는 것이었다. 자유로운 영혼인 둘째의 감정을 충분히 이해해 주고 공감해 주고 행동의 한계를 지어줘야겠다고 책 여백에 적어 놓았다. 그럼 어떻게 할까? 어떻게 적용할까를 고민해 봤다.

　스마트폰과 자전거를 구입해 주는 것은 아직은 아니라는 생각이 들었다. 대신 게임을 하고 싶은 둘째의 마음을 이해해 줬고 조금씩은 할 수 있도록 해 주자는 생각을 하게 됐다. 다만 학교 숙제와 학원 숙제를 충실하게 잘 하겠다고 약속을 받았다. '게임은 절대 안 돼'라고 무조건 선을 긋고 허락하지 않았던 엄마의 마음을 조금은 내려놓아야 한다는 생각을 한 것이다.

　우선 아이와 공감대를 형성하고 아이의 감정을 이해하기 위해서 어떤 방법으로 접근을 할까 고민을 하게 되었다. 그러다 가끔 둘째를 혼낸 뒤에는 포옹하고 토닥여 주던 것이 생각났다.

　엄마와 아이는 원래 한 몸이었다. 탯줄로 이어진 한 몸이었는데 탯줄이 잘리면서 유선에서 무선으로 된 것이니 하루에 한 번씩 서로의 심장이 잘 뛰고 있다는 것을 확인하는 행동을 해야 한다. 그래서 아이의 감정을 이해하기 위한 나의 솔루션은 '하루에 한 번 이상 꼭 안아주기'였다. 학교에서 돌아온 아이를 안고 나면 오늘 학교에서 무슨 일이 있었는지 자연스럽게 이야기를 나누게 된다. 아이가 힘든 일이 있었다면 '힘들었구나'라고 이야기해 주고, 속상한 일이 있었다면 '속상했구나'라고 이야기만 해줘도 아이는 엄마가 자기를 이해해 준다고 생각을 하게 된다. 그러면 힘들고 속상했던 마음을 풀어줄 수 있다. 점점 둘째와의 관계가 좋아졌고 아이는 학교에서 있었던 이야기를 많이 쏟아냈다. 예전에는 도대체 무슨 생각을 하는지 알 수 없던 둘째의 머릿속을 이제는 훤히 들여다보게 된 것 같았다. 둘째와 엄마의 MOU가 체결됐다.

　엄마의 바람은 모든 학원 숙제를 토요일까지 끝내고 스스로 공부하는 습관을 만들어 가는 것과 매주 2권의 독서를 하는 것, 매일 잠들기 30분 전에 독서를 하고 반 친구들과 하는 독서모임도 적극적으로 참여를 하는 것, 2박 3일간의 '단무지' 행사까지 참석을 하는 것이었다. 둘째가 원하는 것은 주말에 일정 시간만큼은 게임도 하고 원하는 TV프로도 시청하게 되는 것이었다. 그래서 그렇게 해 주었다. 그렇게 둘째와의 관계도 책을 통해 개선할 수 있었다. 매 주 한 권의 책을 읽어 50권의 책을 읽겠다고 목표했었는데, 어느 새 63권의 책을 읽게 됐다. 책을 많이 읽는 분들은 웃겠지만 나에게는 짜릿한 경험이었다. 책 속에서 메시지를 끄집어내어 하나의 메시지를 만들 수 있는 능력을 얻었다.

이제는 어떤 책이 좋은 책인지 고를 수 있게 된 것 같다. 콘텐츠를 만들기 위해 관련된 어떤 책을 읽고 준비를 해야 하는지 알게 되었다. 책 속에서 저자가 말하고자 하는 것을 찾아 나의 언어로 해석하고 나의 삶에 적용하게 된다. 이 모든 것이 독서리더과정 때 배운 것들이다. 그때 가르쳐 주신 모든 분들께 감사하다. 독서를 통한 성장은 계속될 것이다. 나의 바인더에는 올해 독서 목표가 100권으로 기재되어 있다. 독서의 중요성을 잘 알기에 올해도 꼭 이루고 싶다.

예쁜 음식점과 핸드드립 커피

큰애가 초등학교 2~3학년이고 둘째가 6~7살일 때 캠핑을 많이 다녔다. 남편의 직장 동료들과 가족들이 모두 한두 살 차이로 연배가 비슷해서 자주 모이게 됐다. 한창 직장인들 사이에 주말마다 캠핑가는 게 유행일 때 우리도 그 대열에 참여했다.

모임의 사람들 중 계획을 잘 세우는 분이 장소를 섭외를 해놓고 날짜를 통보를 하면 수요일부터 금요일까지는 출발할 준비를 했다. 목요일쯤에 미리 캠핑 용품을 차에 모두 실어 놓고 금요일에는 최대한 일찍 퇴근을 해서 미리 씻고 편한 옷으로 갈아입은 뒤 각자 대구에서 출발을 한다.

주5일 근무라 금요일 저녁에 출발을 해서 늦게 도착하더라도 텐트를 치고 1박을 하고 나면 토요일에는 아침 일찍부터 자연 속에서 생활할 수 있었다. 그 재미를 즐기기 위해 그렇게 출발을 했었다.

퇴근 후 8시쯤 출발을 하게 되면 보통 밤 11시나 12시에 도착하게 되는데, 그때부터 텐트를 치고 아이들을 재운 뒤 엄마 아빠들끼리 모닥불을 피워놓고 라면을 끓여 먹거나 따뜻한 차를 마시기도 했다.

겨울이라 텐트 생활이 힘들 때는 자연휴양림에서 지내기도 했다. 강원도 어느 곳에 갔을 때는 눈이 많이 왔었는데 점심식사 할 곳을 찾다가 한 식당에 들어갔다. 흑태찜을 하는 집이었다. 들어가는 입구에는 산 속의 가정집처럼 예쁜 분재가 있었고 통유리로 되어 있는 예뻔 집이었다. 창밖을 보니 새하얀 눈이 내린 소나무 숲이 보였고 집 주위에 둘러싸인 경치가 너무 아름다웠다. 음식점 내부 두 쪽 벽면은 황토로 되어 있었고 나머지 두 면은 통유리로 되어 있어 바깥에 펼쳐진 경치가 다 보였다. 우리가 간 때가 겨울이었는데 어느 계절에 와도 매번 좋을 것 같은 그런 음식점이었다.

손님이 주문을 하면 그때 음식 준비를 시작하는지 시간이 꽤 걸렸다. 밑반찬 하나가 나올 때마다 무엇으로 만든 반찬인지, 얼마나 숙성시켰는지, 맛은 어떤지 주인아주머니께서 설명해 주셨다.

음식을 올려놓는 테이블도 통 원목을 잘라 만든 것이었고, 수저도 나무였다. 황토벽에는 그에 어울리는 민속용품들이 걸려 있었고 음식을 담아내는 그릇에서부터 모든 것들이 너무나 조화로운 음식점이었다. 나도 이렇게 예쁜 음식점을 하고 싶다는 생각을 그때 했던 것 같다.

메인 요리인 흑태찜도 주인아주머니의 정성이 가득 담겨진 맛이었다. 주인아주머니는 어린 아이들에게는 흑태찜이 매울까 봐 계란후라이와 김을 따로 내어 주시기도 했다.

음식을 제대로 정성을 들여 만들어 정성스럽게 내어 주시는 아주머니의 마음이 그대로 담겨 있는 식사였다. 50대가 되면 나도 이렇게 예쁜 음식점을 하고 싶다는 생각을 하게 되었다.

돈을 벌기 위한 음식점이 아니다. 경치가 좋은 자연 속에서 앞마당에 초록빛 잔디가 있고 곳곳에 예쁜 야생화 꽃들이 피어 있어 지나는 사람들이 한 번쯤 들어와서 식사를 하고 싶어지는 그림 같은 예쁜 음식점 말이다.

날씨가 좋은 날에는 따뜻한 햇살을 맞으며 밖에 경치를 봐도 좋은 곳, 비 오는 날이면 통유리로 된 음식점 내부에서 비 오는 경치를 감상할 수 있는 그런 음식점을 운영하고 싶다. 그것을 아는 단골들이 계절이 바뀔 때마다 들러서 계절의 맛을 마음껏 즐길 수 있는 집을 만들고 싶다. 아이 엄마들이 아이들 뒷바라지에 힘들 때 한 번쯤 들러서 자연 속에서 식사를 하며 힐링할 수 있다면 좋겠다.

기분이 우울할 때는 혼자라도 들러서 마당에 핀 예쁜 야생화를 구경할 수 있는 집을 만들고 싶다. 편하게 이야기 나누다 갈 수 있는 주인이 되고도 싶다.

언제일지는 모르지만 그런 예쁜 음식점을 하고 싶다는 생각에 외식산업과 관련된 공부를 시작했다. 음식점을 경영하는 사람들이 갖추어야 할 소양과 점포경영에 관한 것을 가르쳐주는 수업이다.

경북대학교에서 진행한 외식산업경영자과정인데, 그곳에서 많은 사람들을 만나게 되었다. 대구 시내에서 직접 큰 음식점을 경영하는 대표자 분들과 창업을 준비하시는 분들이었다. 같이 수업을 들으며 서로 벤치마킹도 할 수 있었고, 친목도 도모하게 되었다. 음식박람회에 찾아가기도 하면서 외식산업과 관련하여 많이 배울 수 있는 시간이었다.

꿈꾸는 만큼 이루어진다고, 언제가 될는지 모르겠지만 강원도의 그 예쁜 흑태찜 식당의 주인장이 되어 있거나, 좋아하는 한우 고기집을 운영할 날이 올 것이다. 내 나이 50이 넘었을 때 어떤 음식으로 사람들에게 행복함을 줄 수 있을까 가끔 한 번씩 생각해 본다.

뭔가를 하고 싶은 것이 생기면, 천천히 시간을 두고 준비하게 된다. 관련된 책을 읽기도 하고, 관련된 사람들의 모임에 함께 하기도 한다. 내가 관심 있는 분야를 점점 확장하여 준비를 해둔다. 언제 기회가 올지 모르지만 그 기회가 왔을 때 충분한 준비가 되어 있다면 잡을 수 있기 때문이다.

음식점을 해 보고 싶다는 생각을 하면서 커피도 배우고 싶어졌다. 어느 때부터 곳곳에 카페가 생기기 시작했고 많은 사람들이 카페에서 사람을 만나고 카페에서 공부를 한다. 우연한 기회에 핸드드립 커피 수업을 하는 것을 알게 되어 수강 신청을 하게 되었다.

직장인들을 위해 수요일 저녁 7시부터 9시까지 하는 핸드드립 커피 수업을 듣게 되었다. 5~6명 정도의 수강생들이 한 팀으로 구성이 되어 같이 배우게 되었는데, 우리 팀의 구성원들은 다들 좋은 언니들이었다. 미모도 되시고, 성격도 좋으시고, 다들 서로 챙기시느라 정신이 없었다. 커피 수업을 해 주시는 선생님께서도 얼마나 좋으신지 핸드드립 자격증 취득반 이었는데 3급과 2급 자격증 수업을 하는 동안 정이 드셨는지 마지막 수업 때는 헤어지기 아쉬워 눈물을 글썽이시기도 했다. 우리가 늘 마시는 커피에 대해서 이론적인 지식도 배우고 직접 커피를 내리는 실습도 하게 되었는데, 볶아온 커피를 분쇄하다 보면 커피향이 교육장 안에 가득하다. 달콤한 커피향이 어찌나 좋던지. 커피 수업을 처음 들을 때는 잘 할 수 있을까 걱정이 되었다. 하지만 매일 조금씩 선생님께서 알려주신 대로 커피포트를 사용하는 법, 계절에 따라 적절한 물 온도, 물 온도를 조절하는 법, 커피를 내리는 자세까지 배우다 보니 수업이 너무 재미있었다.

이론 수업을 마치고 거름종이에 커피를 받아 직접 내리는 실습을 하게 되었는데, 커피를 분쇄한 뒤에 물주전자에 물을 넣고 포터를 데웠다. 그 뒤에 핸드드립을 시작했다. 몇 방울의 물을 떨어뜨리면 분쇄된 커피가루와 물방울로 뜸들이기를 하게 되는데, 소량의 물을 '커피 빵¹이 생길 정도로만 붓는다. 뜸 들이기가 끝나면 안쪽부터 바깥쪽으로 원을 그리며 물을 부어 드립커피를 내리는데, 물방울이 떨어지는 속도가 너무 빨라서도 안 되고 느려서도 안 되므로 일정하게 떨어지도록 하는 감을 익히는 것이 가장 중요하다. 수업시간에 실습을 하고 나서 집에 돌아와서 연습을 하고 싶은데 커피가루가 없을 때는 그냥 빈 컵에 물방울만 떨어뜨리는 연습을 하기도 했다.

예전에는 커피 맛을 잘 모르고 마셨는데, 핸드드립을 배우면서 커피를 내리면서 떨어지는 물의 속도와 양, 온도에 따라 커피 맛이 달라진다는 것을 알게 되었다. 같은 팀에서 다들 동시에 커피를 받아 내리기 시작해도 사람들마다 각각 다른 커피 맛이 느껴진다.

커피는 단맛, 쓴맛, 신맛을 한꺼번에 갖고 있다는 것도 신기했다. 같은 원두로 내려진 커피가 내리는 사람에 따라, 희석되는 물의 양에 따라 다른 맛을 내는 것이 많은 것을 생각하게 했다.

커피향이 좋아서 나중에 북 카페를 운영해 보고 싶다는 생각도 들었다. 어느 장소가 주어진다면 책과 커피가 어우러진 예쁜 북 카페도 해 보고 싶다는 생각이다. 음식점이 될 수도 있고 북 카페가 될 수도 있다. 아이들 다 키우고 적적할 때쯤 예쁜 가게에 찾아오는 손님들에게 커피를 정성스럽게 내어 놓는 것도 좋겠다는 생각을 하곤 한다.

꿈이란 것은 특별하게 나에게 다가오는 것이 아니었다. 우연히 들른 흑태찜 집에서 주인아주머니의 정성이 담긴 음식을 먹으며 좋아했던 기억에 나도 예쁜 음식점을 운영하고 싶다는 생각을 하게 된 것처럼 소박하게 생기기도 하는 것이었다. 하지만 그런 꿈이 생기자 이루기 위해 뭔가를 천천히 준비하게 되었다. 외식산업경영자 과정을 공부하게 되었고 핸드드립을 배웠고 시간이 될 때마다 조금씩 준비하고 있다. 이렇게 준비하는 시간을 보내면서 하고 싶은 것을 할 때 정말 내 가슴이 뛰는지 아직도 설레는지 확인하게 된다.

아직은 하고 싶은 것들이 많은 걸 보니 젊다는 생각이 든다.

이것도 하고 싶고 저것도 하고 싶고. 하고 싶은 꿈이 많다는 것은 내 가슴이 아직 뜨겁게 뛰고 있다는 것이므로 내가 살아 있다는 것을 다시 확인하게 되는 것 같다. 평범한 삶 속에서 내가 이루고 싶은 꿈은 하나씩 더 늘어나게 되고 다른 사람들보다 더 많은 꿈을 이루어 가는 것 같다.

열 손가락의 비밀

내 속으로 낳은 자식이지만 아이들을 키우면서 엄마인 나조차 아이들을 제대로 알지 못하고 키우는 경우가 많다. 가끔 엄마들은 아이들이 속상하게 하거나 고집을 피울 때 "누굴 닮아서 이렇지?"라고 이야기하지만 사실 아이들은 엄마 아빠의 유전자를 타고난 것이다. 엄마와 아빠의 어떤 것을 타고 태어났을까? 엄마 아빠의 성향이 아니라면 외갓집이나 친가 쪽에 누군가의 기질을 타고 난 것이다. 아이들을 키우면서 나 역시도 집에서 보는 우리 아이들의 모습이 전부가 아니라고 생각한다. 엄마가 모르는 아이들의 다른 모습이 있다는 것을 염두에 두며 키워야 할 것 같다.

결혼을 하기 전에는 임신을 하면 직장을 그만둘 거라고 생각하고 있었지만, 임신을 하고도 회사를 계속 다니게 되었다. 큰아이는 입덧이 심해서 집에서는 식사를 못하고 밖에서만 간단히 식사를 했던 것 같다. 냉장고 문만 열어도 음식 냄새가 심하게 나는 것 같아서 음식을 할 수 없었던 것이다.

두류동 회사 근처에 잔치국수를 맛있게 하는 '이모집'이라는 식당에서 점심때마다 잔치국수를 먹으며 한두 달을 보낸 기억이 있다. 다른 음식들은 도통 먹을 수가 없는데도 다행히 잔치국수는 먹을 만했다. 첫아이를 임신했을 때 음식을 못 먹고 있는 걸 같이 근무하는 소장님께서 알게 되셨다. 소장님은 그 이후로 점심 식사 시간이나 오후에 밖에 나가실 일이 있을 때면 회사 인근 시장에서 먹을 것들을 사다 주시곤 했다. 입덧이 심해 점심시간에 나가지 않고 시무실에서 조용한 음악을 틀어놓고 일을 하고 있으면, 소장님께서 검은 비닐봉지에 귤을 몇 개 담아 오실 때도 있었고 빵을 사 오실 때도 있었다. 책상 위에 비닐봉지를 올려 두시면서 "오다가 보여서 사 왔으니 심심할 때 드세요" 하시며 일주일에 2~3번은 그렇게 해 주셨다. 얼마나 고마운지 모른다. 그때 같이 근무한 소장님께도 우리 큰아이보다 6개월 정도 생일이 빠른 아이가 있었다. 아마도 사모님께서 입덧을 하신 것이 생각이 나셨는지 덕분에 나를 챙겨주신 것 같다.

아이들을 임신했을 때 직장생활을 하느라 바빴지만 나름 태교에 신경을 쓰려고 노력했다. 사무실 컴퓨터에 늘 클래식 음식을 작게 틀어 놓았고 모든 것을 즐겁고 감사하게 생각하며 일을 했던 것 같다. 내가 좋아하는 노래도 많이 들었지만 주로 클래식 음악을 많이 들었다. 퇴근해서 집에 와서도 들어오면 바로 음악을 틀어놓고 씻고 휴식을 가졌다.

아이를 임신했을 때 엄마의 역할이 매우 중요하다는 생각을 하게 된다. 엄마가 좋은 생각을 하고 스트레스를 받지 않고 긍정적인 마음을 갖는 것이 태아에도 영향을 미치는 것 같다. 책도 읽고, 음악도 들으며 편안한 마음을 갖는 것이 매우 중요한 것 같다. 엄마가 손동작을 많이 하면 아이들 두뇌 형성에 도움이 된다고 하여 둘째 임신을 했을 때는 십자수도 했다. 요즘은 어떤지 모르겠지만 내가 아이를 가졌을 때는 엄마들 사이에 십자수를 하는 것이 유행이었다.

첫아이를 가지고 처음에는 태중의 아이와 대화를 하는 것이 어색했지만 조금씩 익숙해지다 보니 어느 순간 내가 하고 있는 모든 행동들을 아이에게 설명을 해 주고 있었다. 아이와 매일 모든 대화를 하고 있었다.

"아기야, 이제 엄마는 회사에 출근을 할 준비하려고 해."

"스킨을 먼저 바르고, 로션도 바르고 에센스도 바른단다."

늘 마음을 편안하게 갖고 좋은 생각과 바른 행동을 하며 태중에서 자라고 있을 아기에게 세상이 어떻게 생겼는지 매일 말로써 알려주었다.

임산부일 때는 흉한 것을 보는 것도 피하고 나쁜 생각이나 말들도 하지 않으려고 나름 신경을 썼던 것 같다. 아이를 가졌을 때 어떤 아이가 태어날지 알 수 없었지만 그때부터 주문을 외웠다.

"아기야, 너는 엄마 아빠보다 더 훌륭한 아이로 태어날 거야."

"나중에 바르게 잘 자라서 세상에 도움이 되는 사람으로 성장할거야. 엄마가 잘 키울게."

내가 엄마가 된다는 사실이 감동스러웠다. 태어날 아이를 만나는 것이 설레기도 했다. 엄마가 바르게 생각하고 바르게 행동하면 뱃속에 있는 아이도 그것을 배우게 된다고 생각하며 좋은 생각을 많이 하려고 노력했다.

엄마 몸속의 물 한 방울이 수정이 되고 생명체로 자라난다는 것이 얼마나 신비로운지 모른다. 그 생명체를 내가 잉태하고 있다는 것도 감사하게 생각했다. 임신 중에 마음을 편히 먹고 뱃속에 태아에게 엄마가 보고 있는 모든 것들을 설명하며 알려주는 태교를 했다. 그 덕분인지 아들 둘 다 엄마와 대화를 잘하는 편이다.

아이들의 진로·진학에 대해 공부를 하다가 다중지능평가를 하는 지문검사에 대해 공부를 하게 되었는데 인간에게 잠재된 다양한 재능을 찾아내는 매우 중요한 검사인 '피문학'을 알게 되었다.

'피문학'은 지문과 손바닥문의 생김새에 따라 이야기 다고난 재능이 어떤지를 확인할 수 있는 검사이다. 태아 13~19주경에 염색체의 유전자 컨트롤에 의해 발육 형성되는 지문을 이용하여 확인이 가능하다. 아들 둘을 키웠지만 둘의 성향은 달랐다. 큰아이는 어릴 때부터 순했던 것 같다. 태중에 있을 때 엄마의 목소리를 많이 들어서인지 엄마가 차분하게 설명하고 이야기 하면 크게 투정부리지 않고 받아들여 줬다. 한 번도 길 가다가 떼를 쓰거나 운 적이 없다.

마트에서 혹시나 아이가 장난감을 갖고 싶다며 떼를 쓸까 걱정이 될 때면 차를 타고 가면서 아이에게 차근차근 이야기를 해 줬다.

"오늘 엄마랑 마트에 가는데 엄마 손 꼭 잡고 다녀야 해. 얼른 필요한 물건들만 사고 집으로 가는 거야. 오늘은 엄마가 김밥 재료를 사려고 마트에 가는 거란다. 내일 어린이집에서 야외 활동 갈 준비를 하는 거야."

마트에 왜 가는지 이야기를 해 주면 아들은 엄마의 이야기를 잘 듣고는 대답을 했다.

"네."

아이에게 마트에 가는 목적과 어떻게 할 것인지를 미리 이야기해 주었다. 가끔은 아이가 원하는 뭔가를 사주기도 했지만 아이도 큰 장난감이나 과한 것을 요구하지 않았다. 한두 번 뭘 사달라고 요구한 적이 있었는데 그 자리에서 아이의 눈높이를 맞춰 이야기를 해 줬다. 어리지만 경제 교육을 시켰다. 매달 사용할 수 있는 계획된 금액이 있고 과하게 지출을 하면 안 된다는 설명을 해 줬다. 그 순간에는 아이가 모르는 것 같지만 모든 일들을 반복해서 이야기 해 주면 차

츰 알아가는 것 같다.

큰아이는 조근 조근 이야기 하는 것을 잘 받아 들여 줬다. 아마도 배 속에서 엄마의 목소리로 많은 이야기를 했기 때문이라 생각한다. 태아 때 들려주던 클래식 음악을 아이가 태어나서도 계속 들려주었더니, 어린이집에 다니면서부터는 그 음악이 나오면 아이들이 먼저 아는 체를 했다. 나중에 초등학교 다닐 때 피아노 학원을 보냈는데 거기서도 그 노래를 배울 때는 익숙한 멜로디라 그런지 제법 잘 치기도 했다.

직장을 다니던 때라 첫아이가 엄마 아빠의 사랑을 충분히 받고 동생의 존재를 받아들일 수 있을 때 둘째를 가져야겠다고 생각을 했다. 그래서 조금 터울을 두고 둘째를 가졌다. 그래서인지 큰애는 동생에 대한 기억을 많이 갖고 있는 것 같다. 동생을 가져서 배가 불렀을 때는 엄마 배 속에 동생이 있다고 내 배를 쓰다듬어 주기도 했다. 나도 동화책을 읽을 때면 큰애와 동생이 함께 듣고 있는 것처럼 둘을 모두 신경 쓰면서 읽어 줬다.

클래식 음악으로 태교를 한 덕분에 첫아이가 차분한 것 같아서 둘째 때도 내가 좋아하는 음악을 많이 들으며 태교에 더 많은 신경을 썼다. 아이들의 뇌가 형성되는 시기에 더 많은 독서도 하고 생각도 하고 말 표현도 했던 것 같다. 첫아이 때와 같이 엄마가 하고 있는 모든 일들을 태중에 있는 아이에게 설명을 해 주었다. 그렇게 둘째한테 더 신경을 쓴 것 같은데 둘째를 키우면서 조금씩 힘들기 시작했다. 내가 낳은 아이지만 둘째는 달랐다.

큰애는 초등학교 때부터 차분하게 그날 해야 하는 학습을 미루지 않고 잘 해냈고 지금도 엉덩이 힘으로 공부를 하는 성실한 아들인데 둘째는 그렇지 않았다. 큰아이는 공부로 뭔가를 이뤄 낼 것 같았지만, 둘째는 엄마가 보기엔 그렇지 않은 것 같아서 자유롭게 하고 싶은 것을 하며 살도록 키워야겠다고 생각하고 있었다. 그런데 집으로 수업을 오는 선생님들과 학원 선생님들께서 가끔 둘째 머리가 똑똑하다고 말씀해 주셨다. 엄마가 알고 있는 둘째는 늘 학원 숙제를 못 해가고, 공부가 하기 싫다고 투정을 부렸다. 체력도 약한 것 같았고 공부에는 흥미가 없어 보여 둘째에게는 많은 것을 요구하지 않았다. 대부분의 둘째들이 그러하듯이 첫째보다 눈치가 빨라서 엄마가 화가 났는지 기분이 좋은지 어찌나 잘 아는지 엄마가 기분이 좋지 않을 때는 기분을 맞추느라 애교를 부리고 엄마가 기분이 좋을 때는 자기가 원하는 부분을 요구를 하기도 한다. 그런 것을 봤을 때 영 머리가 없는 것은 아닐 텐데 말이다.

아이들의 진로 선택을 돕기 위해서 진로진학상담사 공부를 하면서 성적에 맞춰서 대학을 선택하지 않고, 아이가 나중에 행복해 할 수 있는 것을 찾아줘야겠다는 생각을 하게 되었고, 다중지능적성평가 공부를 시작하게 되었다. 교육 과정을 듣고 먼저 우리 가족들의 손가락에 담긴 비밀을 검사해 보았는데 새로운 사실을 알게 되었다. 큰아이는 평소에 내가 알고 있던 것처럼 공부머리를 타고 난 건 맞았지만 운동을 좋아해서 체력이 좋을 거라 생각을 했는데 그렇지 않았다. 신체지능이 낮게 나온 것이다. 고3이 되면 체력 관리가 중요한데 지문검사를 통해서 체력이 약하다는 것을 미리 알게 되었다. 덕분에 고3 첫 중간고사를 준비하면서 체력적으로 많이 힘들어 할 때 신체지능이 낮게 나왔던 것이 생각났고 그에 맞게 대처를 할 수 있었다.

놀란 것은 둘째의 지능검사 결과였다. 둘째의 두뇌가 골고루 잘 발달 되어 있는 것이 아닌가. 공부 머리도 그렇고 뭔가를 계획하고 진행하는 부분이 탁월하다는 것을 알게 되었다. 이제까지 엄마가 몰랐던 부분이었다. 검사결과를 여러 번 살펴보고 내린 결론은 둘째는 엄마가 더 이상 공부를 시키지 않게 하기 위해 일부러 적당히 공부를 하고 있다는 것이었다. 그 이후로는 둘째가 공부에 관심을 가질 수 있도록 도와줬더니 역시 공부에 소질을 보이기 시작했다.

다중지능평가를 하지 않았더라면 둘째를 제대로 모른 채 방치를 했을 것이라는 생각에 얼마나 다행인지 모른다. 엄마가 모르는 내 아이의 재능을 제대로 알고 찾아 주는 것이 엄마들의 역할이 아닐까 생각한다.

엄마가 미처 알지 못한 우리 아이들의 열 손가락의 비밀을 알게 되면서 아이들에 대한 맞춤 케어가 가능해졌다. 고3인 큰아이와 중2인 둘째아이는 서서히 엄마의 잔소리가 없이도 자기 할 일을 찾아하고 있다. 어떻게 하면 아이들이 움직이는지 엄마가 알고 있기에 가능한 일이다. 엄마가 많은 것을 알아야 아이들도 잘 키울 수 있다는 것을 경험하게 되었다. 또 다른 세상을 살펴보며 평생 배움을 이어 나가려고 한다.

제5장

새로운
인연들

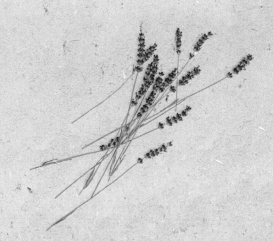

내 삶의 산소와 같았던 그 곳에서 퇴직하게 되리라고는 생각하지 못했다. 어느 날 갑자기 퇴직하고 집에 있게 된 나는 이대로 그냥 시간을 보낼 수 없다는 생각을 했다. 91년 11월에 입사를 하여 2014년 6월까지 근무를 하는 동안 그곳에서 많은 사람들을 만날 수 있었다. 나의 젊은 날을 그곳에서 보냈는데 결혼을 하고 아이 엄마가 되었던 그곳에서의 생활을 마무리했다.

　그래서 퇴직 후에도 그저 그런 평범한 주부로만 있고 싶지 않았다. 아이를 바르게 잘 키우는 엄마이고 싶다. 함께 아이들을 키우는 엄마로서 아이들에게 꼭 가르쳐 줘야 할 것이 무엇인지 고민하고 나누고 싶다. 일찍부터 직장생활을 하게 되어 하지 못했던 공부도 더 하고 싶고, 50대에는 선한 영향력을 미치는 여성리더가 되겠다는 꿈을 이루고 싶다. 함께하는 많은 사람들이 꿈을 이루며 행복하게 살아갈수 있도록 도와주는 역할을 하고 싶다.

　청소년기를 보내고 있는 두 아들에게 공부하라고 잔소리를 하기보다 엄마인 내가 책 읽는 모습, 공부하는 모습, 도전하는 모습, 꿈을 이루며 살아가는 모습을 보여 주고 싶다. 지구상에 태어난 모든 사람들이 공부를 할 수 있는 것은 아니다. 감사하게도 대한민국에 태어나 평범한 삶을 누리게 된 것을 감사할 줄 아는 아이들로 키우고 싶다. 주위를 돌아보며 어려운 여건에 있는 누군가에게 힘을 줄 수 있는 어른으로 성장하도록 잘 키우고 싶다.

퇴직 후 3년이라는 시간을 그냥 그렇게 보내지 않았다. 나의 미래를 위한 치열한 배움의 시간을 보내고 있다. 그 속에서 내가 만난 귀한 인연들과 함께 할 수 있어 감사하고, 내가 그분들을 통해 얻게 되고 배운 것을 언젠가는 나의 도움을 필요로 하는 사람들에게 나누어 주고 싶다.

대학원 공부를 시작하다

'꿈꾸는 만큼 이루어진다.'

언젠가는 대학에서 강의를 하고 싶다는 생각을 했다. 아이를 키우고 있는 엄마로서 자녀들이 공부를 하고 사회로 나가기 위한 마지막 준비 단계인 대학에서 어떤 시간을 보내느냐에 따라 젊은이들의 인생이 달라진다는 걸 너무 잘 알게 되었기 때문이다. 우리 아이는 물론 주위의 모든 청소년, 젊은이들에게 영향력을 줄 수 있는 사람이 되어야 한다는 생각을 하면서 준비를 하기 시작했다.

두 아들에게 바르게 잘 성장해서 이 사회에서 기여하는 사람으로 성장하라고 이야기하곤 하는데 그럼 엄마인 나는 어떤 일을 하고 있나 생각해 보게 됐다. '먼저 엄마인 내가 선한 영향력을 주는 사람이 되어 보자'라는 생각을 했다. 내가 어릴 적에 보고 자란 것이 어느 순간 내 몸에 배어 그렇게 생활을 하고 있는 것을 알게 되면서 늘 공부하는 삶을 살아야 한다는 것을 두 아이들에게 보여 주고 싶었다. 어릴 때 친정아버지께서 '너는 선생님이 되어라'라고 말씀하신 것을 이뤄 보고 싶었다.

처음에 대학원을 선택할 때 나름 많은 고민을 했다. 국립대인 경북대학교와 사립대인 영남대학교를 두고 고민을 하기도 하고 일반대학원과 경영대학원을 두고도 고민을 했다. 나름 많은 고민을 한 끝에 영남대학교 경영대학원을 선택했다.

늦은 나이에 젊은 학부 학생들과 공부하는 것이 조금은 부담스러웠기 때문에 학부 보다는 대학원이 좋을 것 같았다. 오랜 직장생활 경험을 살려 경영대학원에서 함께 공부하는 사람들과 관계를 형성하고 인적 네트워크를 쌓는 것도 매우 중요한 부분일 것이라는 판단도 했기에 대학원을 선택했다.

후기 모집으로 시작을 하게 되어 동기생들이 22명밖에 되지 않지만 동기 분들이 다들 너무 좋으신 분들이다. 50대 이상 되시는 분들께서 '고문'으로 활동을 해 주시는데 다들 인품도 좋으시고 전체적으로 잘 단합될 수 있도록 뒤에서 챙겨주신다. 40대도 어쩜 이렇게 환상적인지. 기수회장님, 수석총무님, 부회장님, 총무님까지 골고루 40대가 주력해서 맡고 있다. 20대나 30대 동생들도 착하고 잘 따라줘서 동기들 간에 팀워크가 매우 좋은 편이었다.

첫 학기 '경영학연구' 수업을 경영대학원 부원장님께서 해 주셨는데 교수님 덕분에 우리 기수가 더 단합할 수 있었던 것 같다. 매주 월요일 저녁 수업을 마치고 학교 근처에서 함께 식사도 하고 술도 한잔 나누다 보니 동기들끼리 더 단합할 수 있었다.

'경영학연구' 수업은 매주 관련된 도서를 읽고 팀별로 한 사람이 책에 대한 내용을 발표를 했다. 부족한 부분은 교수님께서 추가적으로 설명해 주셨다. 발표하는 팀을 제외한 다른 수강자들은 발표 내용을 듣고 소감문을 작성하여 다음 수업 때까지 학교 홈페이지에 자료를 올렸는데, 나는 관련된 도서를 모두 사서 매주 발표 도서를 읽고 수업에 참여하려고 했다. 하고 싶은 공부라서 준비도 달랐던 것 같다. 개강을 할 때 수업계획서를 보고 관련된 내용을 살펴보았다. 서브바인더를 준비해두고 매주 다른 팀에서 발표한 내용에 대해 소감문을 작성해서 넣어뒀다. 다른 동기들의 우수소감문도 출력하여 함께 바인더를 만들었다. 그렇게 한 학기 수업을 마치고 나니 '경영학연구'라는 하나의 자료집이 만들어졌다.

수업시간에서 한 가지 아쉬웠던 점이 있다. 우리 팀에서 책을 읽고 내가 발표를 준비한 책이 토마 피케티의 『21세기 자본』이었는데, 분량이 689페이지나 되다 보니 시간이 너무 부족해서 발표 준비를 충분히 하지 못했다. 발표 내내 너무 부끄러웠다. 귀한 시간 수업을 듣기 위해 모인 분들인데 부족한 발표로 시간을 뺐다니…. 발표 준비를 제대로 하지 못한 나에게 너무 화가 났고, 부족한 발표를 듣고도 대부분이 고생했다며 격려해 주기도 하고 준비하느라 애썼다면서 등을 토닥거려줬다. 동기들에게 또 감사한 마음을 느꼈다.

다들 낮에는 본업으로 바쁘면서도 저녁 시간에 학업을 위해서 그곳에 모인 사람들이었다. 각자 다른 인생을 살고 있지만 그곳에 오게 된 마음이 서로 비슷하기에 더 공감하고 위로할 수 있었던 것 같다. 저녁에 일을 마치고 수업을 들으러 오는 분들이 대부분이라 간단히 허기를 해결할 수 있게 주먹밥, 떡, 김밥 등을 준비했다. 다른 사람들도 서로 챙겨 주며 한 학기 수업을 마쳤다.

매 주마다 수업을 너무나 재밌게 했던 터라 한 학기를 마칠 무렵 '경영학연구 워크숍'을 경주로 갔다. 저녁에 구워 먹을 삼겹살, 맥주나 양주, 대게, 프라이팬까지 다들 서로 챙겨왔다. 나는 밑반찬으로 소시지, 호박전, 일미조림, 미역줄기볶음, 묵은지와 햇김치를 챙겨 갔다.

금요일 저녁에 퇴근을 하여 경주로 출발을 하였고 먼저 도착한 사람들이 저녁식사 준비를 했는데 어찌나 푸짐하게 잘 먹었는지 모른다. 좋은 사람들과 좋은 곳에서 먹는 저녁 식사는 어떤 식사보다도

맛났다. 맥주, 소주, 양주까지 다들 기분이 좋아 술이 술술 넘어갔다. 평소에 조용히 수업에 참여하시던 고문님께서도 그날은 기분이 좋으셨는지 술에 취하셔서 같은 건배사를 다섯 번이나 하셨다. 그걸 듣는 우리는 완전히 배꼽을 잡고 넘어갔다. 그때 한창 이슈가 되었던 '최순실'로 건배사를 했는데 우린 그날 뒤 '최순실' 이름만 들어도 낄낄 대며 웃는다.

식사를 하고 교수님 특강도 듣고 게임도 했다. 강사를 하고 있는 30대 예쁜 동생이 그날의 게임을 담당했는데 나이 드신 고문님이나 언니들도 평소에 해 보지 못한 게임을 동생이 시키는 대로 따라하며 얼마나 웃었는지 주름이 열 개는 더 생긴 듯했다. 덕분에 매우 즐거운 시간을 보냈다. 밖에서 만난 사람들끼리 이렇게 서로 위해 주고 챙겨 주는 모임이 몇이나 될까. 모두들 무언가 배우고자 마음을 먹고 모여서인지 서로 통하는 점도 많았고 한 학기 수업을 맡아 주시는 교수님께서도 나이 많은 학생들을 자식과 같이 대해 주셨다.

워크숍에 다녀오고 종강을 하게 되었는데, 다들 궁금하기도 했고 매주 월요일마다 모이던 저녁 모임이 그리워서 방학 중에도 2~3번 소규모로 번개 모임을 하기도 했다.

방학이 끝나고 2학기가 시작되면서 전공이 나눠졌다. 전공별 지도 교수님을 '경영학연구' 수업을 해 주신 교수님께서 지정해 주셨다. 교수님께서는 사람마다 상황과 특성에 맞게 딸을 시집보내는 엄마의 마음으로 고민하며 전공교수님을 지정해 주셨다.

첫 학기 수업이 얼마나 재미있었는지 두 번째 학기 수업이 시작 되고도 첫 학기 때 우리 동기들만 수업하던 그때가 많이 생각이 났다. 시집가면 해 질 때 친정엄마가 보고 싶듯이 강의실에서 늘 뵙던 교수님께서 보이지 않아 허전했고, 다 같이 함께 수업하던 동기들도 보고 싶었다. 그렇게 대학원에서 학업과 사람들과의 관계를 만들어 가며 공부를 하고 있다.

새로이 수업을 듣는 교수님과 저녁 식사를 했는데, 첫 학기 때 수업을 해 주신 교수님도 오셨다. 시집을 보낸 친정엄마와 새댁을 맞이한 성품 좋으신 시어머니의 인사 자리처럼 느껴졌다.

"이제는 시집을 갔으니 출가외인이다. 아프더라도 시가에서 뼈를 묻어야 한다."는 교수님의 말씀 속에 제자들을 사랑하는 교수님들의 따뜻한 마음이 느껴졌다. 더 열심히 해야겠다는 마음을 다지게 된다.

새로운 학기가 시작이 되고 각 전공별로 나누어진 동기들은 매 수업 때마다 서로를 챙기느라 여념이 없다. 나는 '인사조직'을 전공으로 선택했는데, 치과에서 총괄부장을 맡고 있는 언니와 함께라서 더 든든하다. 언니는 직장에서도 인정받는 능력자이면서 대학에서 강의도 하신다. 아드님도 어찌나 바르게 잘 키우셨는지 자식인데도 친구, 동반자의 역할까지 하는 것 같았다. 책을 많이 읽으시는 언니는 나와도 잘 통한다. 서로 뭐라 이야기 하지 않아도 같은 상황에서 같은 생각을 하게 되는 것이 신기할 정도다.

대학원에 와서 같은 연배인 친구도 만나게 되었다. 45년 동안 각자의 삶을 열심히 살아온 친구들이고 이곳에서 더 공부를 하고자 모인 친구들이라 어떤 친구들보다 마음이 통한다. 직장생활을 하는 친구 두 명과 사업을 하는 친구 한 명, 그리고 내가 넷이 동갑이다. 한 달에 한 번은 모여 식사를 하면서 서로를 응원한다. 학업도 학업이지만 이곳에서 귀한 분들과 함께 할 수 있어 더 감사하다.

늦게 시작한 공부인 만큼 더 열심히 하려고 한다. 사회인이 되기 전 마지막 준비 단계인 대학에서 학생들 스스로 본인의 삶을 계획하고 바른 어른으로 성장할 수 있도록 돕고 싶다.

함께 하는 사람들

　회사를 다닐 때는 몰랐는데 퇴직을 하고 나니 내가 알고 있는 사람들은 모두 회사사람들 뿐이었다. 첫 직장에서 계속 근무를 했으니 회사와 관련된 사람들만 아는 게 당연했다. 내가 지금까지 회사를 다니느라 다른 활동을 전혀 하지 못했구나 하는 생각이 들었다.

　퇴직을 하면서 자연스럽게 회사 동료들과는 연락이 끊기게 되었다. 아니 내가 하기 싫어서 의도적으로 연락을 안 하게 된 것 같다.

　매일 아침마다 6시가 되면 알람 소리에 눈을 떠서 7시가 되기 전에는 집을 나서야 했던 때와는 달리, 이제는 아침 시간에 아이들 등교 준비와 학교에 데려다주는 일로 하루를 시작하게 되었다. 아이들을 데려다 주고 나서 집안 정리를 빠르게 하면 7시 40분쯤 된다. 8시 전에는 거실에 있는 책상에서 뭔가를 하며 하루를 시작하게 되었다. 퇴직 후 처음 한두 달은 그냥 그렇게 시간을 보냈지만 그 이후로는 앞으로의 시간을 어떻게 보낼까 곰곰이 생각해 보게 되었다.

　앞으로 어떻게 시간을 보낼 것인지를 생각해 보고 무엇을 위해 지금까지 열심히 살아 왔는지, 내가 무엇을 하고 싶은지 생각하는 시간을 많이 가졌다. 아이들에게 늘 꿈을 갖고 살아야 한다고 이야기하며, 나보다 어려운 사람들에게 작은 도움이라도 나누라고 이야기하면서 엄마인 나는 그렇게 생활을 하고 있는지도 생각해 보았다.

　가장 먼저 '아이들을 바르게 잘 키우는 엄마'가 되고 싶다는 목표가 떠올랐다. 큰애가 고등학생이 되었을 때였는데 엄마도 시간적으로 여유가 있으니 학교생활에 관심을 갖고 챙기기 시작했다. 진로진학상담사 공부를 하다 보니 학교생활의 중요성을 알게 되었고 시간이 될 때마다 학교 홈페이지에 들어가서 아이들이 학교에서 챙겨야 할 부분을 메모해 뒀다가 저녁 늦게 돌아오는 아이에게 이야기 해 주었다. 같은 학교에 다니는 학부모들에게도 학교 일정에 대해 공유해 주기도 하고 혹여나 직장생활을 하는 엄마들이 놓치지 않도록 함께 나누기 시작했다. 독서 활동 후 등재하는 것도 어떻게 하는지 공유하기도 하고 봉사활동을 간 병원을 다른 엄마들에게 소개해 주기도 했다. 큰아이를 고등학교에 보내면서 함께 만나게 된 엄마들도 감사하게도 어찌나 좋으신지 서로 챙겨주시고 정보를 공유해 주신다. 얼마나 고마운 일인가. 첫아이를 학교에 보내는 엄마들은 모르는 것이 많아서 아이들만큼이나 긴장을 하게 된다.

내신을 어떻게 신경을 써야 하는지, 언제부터 준비를 하는지, 어떤 학원이 좋은지 궁금한 게 많은데 사실 누가 가르쳐 주는 사람이 없다. 큰애 학교는 1학년 때 전교 석차가 50등인 아이들까지 모아서 '심화반'을 편성했는데, 저녁 11시까지 자율학습을 해야 했다. 큰애도 그 반에 속해서 자습을 하고 귀가를 하게 되었다. 1학년 때 1반이다 보니 심화반 대표 학모가 되었고, 3학년 때까지 그 역할을 맡게 되었다. 학모들 간의 소통을 위해 반대표 엄마들끼리 모임을 하게 되었는데 그때 알게 된 엄마들을 지금도 만난다. 아이들끼리 친구이다 보니 엄마들도 서로 친해져서 '성민이 어머니'라는 호칭은 쓰지 않게 됐다. 호칭도 애들 이름을 따라 '성민아'라고 부르거나, '성민 언니'라고 부르게 됐다. 내가 잘 모를 때 먼저 큰아이를 키워본 언니들의 도움을 많이 받았다. 진로진학상담사 공부를 하고 상담도 진행을 했지만 실제 대학 입시를 치러 본 엄마들의 노하우는 달랐다. 아이들 덕분에 만난 엄마들의 도움으로 아이들을 키우고 있다.

큰아이 학부모 모임에 가면 내가 제일 막내인데 둘째 학부모 모임에 가면 내가 나이가 많은 연배에 속한다. 내가 선배 엄마들의 도움으로 배우게 된 것들을 둘째 모임에 가서는 내가 알려주게 된다.

예전에 '아이들 키울 때는 옆집 아줌마만 안 만나면 된다'는 농담을 들은 적이 있다. 괜히 잘 키우고 있다가 옆집 엄마가 아이에게 뭘 한다고 하면 덩달아 하게 된다는 뜻이었다.

하지만 내가 만난 엄마들은 그렇지 않았다. 학교 일정이라든가 수시 전형에 관련된 준비 사항은 공통적으로 했지만, 학원 선택이나 학습에 대한 부분은 각자 아이의 성향에 따라 맞춰서 공부를 시켰다. 어떤 아이는 학원은 수학만 다니고 인강으로 나머지 과목을 공부를 하기도 했다. 본인의 부족한 부분을 잘 채울 수 있도록 선택은 본인이 하게 했다.

그중에 유익한 정보를 아낌없이 알려주는 언니가 있는데, 너무 감사하다. 먼저 첫아이를 키워본 노하우를 아낌없이 나눠주기도 하고 가끔은 아이들이 속상하게 할 때 차 한 잔 마시며 들어주기도 하고, 서로 챙겨주는 언니들 덕분에 애들을 잘 키우는 것 같다.

실력은 비슷한 아이들이 시험을 치르고 나면 실수로 한두 개 틀리는 경우가 생긴다. 그럴 때면 전화해서 서로 위로해 주기도 한다. 아들들 덕분에 좋은 엄마들을 만날 수 있게 되어 감사하다. 고등학교에 입학하여 3년간 함께해 준 엄마들이 없었다면 너무 힘들어서 혼자 속앓이를 했을 텐데… 참 다행이다.

첫아이 때 언니들에게 받은 도움을 둘째 엄마들에게 나누어 주고 있다. 엄마들 단톡방을 만들어 시험 준비 기간에 수행 평가 준비물이나 시험 범위 등을 공유하기도 하고, 반의 학습 분위기가 특별히 좋지 않은 상황이라고 하면 엄마들끼리 단톡방에서 조심스럽게 이야기를 하곤 한다. 아이들을 다독여서 학습 분위기를 만들어 가자는 이야기다.

작은애가 1학년 1학기 때 반장이 되었다기에 학부모 모임을 한 번 한 적이 있었다. 첫아이를 키우는 엄마들은 예전에 내가 그랬던 것처럼 걱정하고 불안해했다. 큰애를 고등학교에 보낸 경험을 얘기해 줬다. 중학교 때는 스스로 공부하는 방법을 찾아주기 위해 시간 관리와 독서하는 습관이 매우 중요한 것 같다고 엄마들에게 이야기 해 줬다.

내가 배운 바인더 이야기와 독서법에 대해서도 언급을 했더니 다른 엄마들이 아이들에게 좀 가르쳐 줄 수 있냐고 해서 시간 관리 방법과 독서 방법을 나누기도 했다. 함께 나눌 수 있는 엄마들이 서로 도와 가며 아이들을 키울 수 있는 것이 얼마나 다행인가 싶다.

가끔씩 특별한 일정이 없는 날엔 도서관에 갔다. 특히 더운 여름날엔 도서관만큼 좋은 피신처가 없다. 읽을 책을 챙겨 가거나 도서관에서 읽고 싶은 책을 찾아서 종일 책을 읽다 오곤 했다. 도서관에서는 다양한 프로그램이 진행되고 있었는데 시간이 맞는 프로그램을 신청하여 들을 수 있어 좋다. 중·고등학생들이 들으면 좋은 프로그램도 많다. 둘째는 매주 토요일마다 독서토론 수업을 신청하여 듣기도 했는데 매주 지정된 책을 한 권 읽고 책의 내용을 분석하고 서로 토론했다. 고등학생인 큰아이는 '글로벌유스캠프'를 신청한 적이 있는데 거기서 해외 석박사님께서 수학을 다양한 관점에서 재밌게 설명하는 공개강좌를 들을 수 있었다.

나는 매주 목요일 저녁 7시부터 9시까지 지역 내 여성리더 양성과 봉사활동으로 나눔을 실천하는 '수성글로벌여성아카데미'를 들었다. 개인적으로 매우 만족스러웠다.

주위에 어려운 여건에 있으신 분들을 돕는 봉사활동을 하기도 하고 지구의 환경보전을 위한 에코 프로그램을 함께 실천하기도 하고, 지역 내 유적지를 둘러보기도 하며 1년간 참여했다.

좋은 강연을 함께 들을 수 있는 것이 얼마나 좋은 일인가. 그곳에서 만난 선생님은 대부분이 나보다 연배가 높으신 분들이었다. 다들 자녀들도 잘 키우셔서 서울로 대학을 보낸 선생님도 있으시고 멀리 유학을 보낸 분들도 있으셨다. 다들 여유로워 보였다.

자녀분들을 다들 공부시키고 출가시킨 뒤 좋은 강의를 듣고 계시는 선생님들이 많으셨다. 평소에 봉사활동과 같은 나눔도 실천하시며 지내시는 분들이었다. 서로 위해 주고 좋은 기운을 북돋아 주며 함께 나눔을 실천하시는 분들이었다. 직장을 다닐 때는 매월 세금을 납부하기만 했는데 퇴직 후 내가 그렇게 납부한 세금으로 복지혜택을 받는구나 하는 생각이 들었다.

퇴직을 하게 되면서 매달 통장으로 입금되는 급여가 없어진 건 아쉽지만 중·고등학생인 아이들에게 엄마의 역할을 할 수 있는 시간을 갖게 되어 참 다행이다. 함께 아이들을 키우는 엄마들이 있어 많은 것을 배우게 되고 나도 나눌 수 있게 되었다. 지역 사회의 좋은 프로그램을 누릴 수 있는 여유에서 편안함을 느낄 수 있었다.

넓은 세상을 둘러보면서 만난 분들께는 뭔가를 나눠주고 싶다. 서로에게 힘이 되고 나누려고 하다 보니 더 행복해진다.

사람은 혼자서 살아갈 수 없다

내 나이 마흔다섯이다. 지금까지 인생을 살아오면서 나를 도와주신 분들이 참으로 많은 것 같다.

가장 먼저 나를 세상에 태어나게 해 주신 부모님, 기억은 잘 나지 않지만 어릴 적에 돌봐주신 분들, 초등학교 때부터 가르쳐 주신 스승님들, 첫 직장에서 아무것도 모르는 수습사원인 나에게 회사 업무를 알려주시던 선배들, 결혼을 하고 아이들을 키울 때 도움을 주신 많은 분들이 있었다. 지금도 누군가에게 도움을 받으며 살고 있다.

얼마 전까지 '대우조선해양'에서 근무를 하던 남동생이 퇴직을 했다. 나보다 다섯 살 아래인 남동생이 처음에 퇴직을 한다고 했을 때 나는 계속 다니라고 이야기를 했다. 내가 먼저 직장에서 퇴직을 해 봤기에, 준비되지 않은 상황에서 퇴직을 했을 때 밖에서 자리를 잡기가 쉽지 않다는 말을 했다. 그렇지만 동생은 나와는 또 다른 경우라 깊이 고민을 해 보라고 했다.

어릴 적부터 우리 형제들은 부지런한 부모님의 삶의 모습을 보여 자랐다. 그래서 친정 동네에서 우리 형제들만큼 부모님 일을 잘 돕고 야물게 일하는 자녀들이 드물었다. 어디에 내놓아도 무슨 일이든 잘 해냈지만 한 집의 가장인 동생이 퇴직을 생각한다니 누나로서 걱정도 되기도 했다.

동생은 고등학교를 창원에서 다니고 거제대학교를 졸업한 뒤 '대우조선해양'에 입사를 했다. 고등학교 때부터 집을 떠나 혼자 시골마을에서 자취를 하며 학교를 다녔다. 그래서 동생을 생각하면 늘 마음이 짠해지고 코끝이 찡해진다.

중학생이던 동생이 어느 날 창원에 있는 고등학교에 간다고 했다. 그때도 엄마는 바쁘게 일을 하셨고 집안 형편이 그리 넉넉하지는 않았다. 동생이 자취하는 곳을 한 번 가봐야겠다 싶어서 토요일 아침에 영해에서 출발해서 차를 몇 번이나 갈아타고 찾아갔다. 동생은 시골 마을 어딘가에서 친구와 자취를 하고 있었는데 얼마나 마음이 아팠는지 모른다. 동생은 괜찮다고 했지만 돌아오는 버스에서 창밖으로 지나가는 시골 마을 풍경이 어찌나 낯설던지. 동생을 혼자 자취방에 남겨두고 오는 내내 울었던 것 같다.

동생은 거제대학교 입학 후 첫 학기를 보내고 군대에 갔다. 군대 입대 후 집으로 도착된 사복 택배를 받고 밤새 울었다. 동생이 입고 간 옷가지만이 들어 있는 택배박스를 보니 어찌나 눈물이 나던지. 고등학교 3년 동안 혼자 밥을 해먹었을 동생이 안쓰러웠고, 자취하면서 외로웠을 거라는 생각이 들었다. 이제 또 군대에서 고생을 할 것이라 생각되어 흐르는 눈물을 멈출 방법이 없었다.

동생은 일찍이 밖에서 나가서 생활을 했지만 어릴 때 부모님의 생활 모습을 잘 배운 것 같다. 고등학교에 다닐 때도 바르게 잘 다녔고, 군대에 갔어도 후임 사병들에게 좋은 선임의 역할을 했던 것 같다.

가끔 휴가 때 오게 되면 후임 사병 중 어머니께서 돌아가신 후임을 걱정하기도 했고, 군대 제대를 하고 나서도 같이 근무한 후임이 제대했다며 연락이 왔다는 이야기도 했다. 그렇게 동생은 어디서 어떤 일을 하든 사람들과의 관계를 잘 맺고 함께 하는 사람들을 잘 챙기는 것 같았다.

　퇴직하고 지금은 구룡포에서 홍게와 문어 등 수산물을 유통하는 일을 하는데 참 잘하는 것 같다. 어릴 적부터 바닷가에서 자라온 우리다. 바닷가에서 배를 타는 어부들이 얼마나 고생을 하는지 보며 자랐다. 수산물 상태를 보기만 해도 신선도를 구별할 줄 안다. 아버지께서도 작은 배를 타셨고 새벽마다 바다에 나가서 그물을 당기거나 통발작업을 하여 생선이나 문어, 소라를 잡아 오셨다. 바다 날씨가 궂을 때를 빼고는 하루도 쉬지 않고 일을 해도 다섯 자녀들 뒷바라지를 하기에는 빠듯했던 것 같다.

　뱃일이 힘들고 고생스럽다는 것을 동생은 너무나 잘 안다. 그래서 그 일을 시작했다. 어선을 타는 분들은 제대로 된 수산물 가격을 받고 도시에 있는 소비자들은 싱싱한 수산물을 바로 받을 수 있도록 하기 위해 수산물 유통을 시작했다고 말한다.

　'푸른바다 동해! 일출수산'이라는 상호로 명함도 준비를 하고 우선 형제들에게 도움을 청했다. 명함에는 '모든 고객님께 신뢰, 믿음, 맛으로 보답하는 대표 김윤원'이라고 본인의 각오도 넣었다.

　회사를 그만두고 나온 동생이 친정집으로 내려간 지 얼마 되지 않았는데 벌써 구상하고 있던 사업이 진행되었다. 수산물 사업을 하겠다고 나름 생각을 하고는 동해에서 수산물 유통을 가장 활발하게 하고 있는 지역을 찾아가서 일을 배운다고 했다. 포항 구룡포에 내려가 그곳에서 오랫동안 수산물 취급을 하는 형님들에게 일을 배우기 시작했다.

　대우조선해양에서 15년간 근무를 하면서 함께 일하던 동료들과 향우회 선후배들, 일요일 아침마다 운동하던 조기축구회 등 동생이 함께 하고 있는 지인들에게 참 잘하며 지냈구나 하는 생각이 든다. 물론 함께 근무를 히며 퇴직하고 새로운 사업을 시작해 보려고 하는 동생을 격려해 주시는 고마운 마음이라 생각한다.

우리 형제들도 동생이 어떤 마음으로 새로운 사업을 시작했는지 잘 알기에 함께 도왔다. 동생은 12월부터 구룡포에서 대게와 홍게를 어선에서 바로 받기 시작했다. 받은 게를 쩌서 택배로 발송을 하는 유통을 했는데 형제들 모두가 나서서 지인들에게 홍보도 하고 주문도 받아줬다. 맛도 좋고 신선도가 좋다 보니 받아 보신 분들이 다들 만족해 하셨고 오히려 좋은 물건을 보내줘서 고맙다고 인사를 하셨다. 동생이 참 잘하고 있구나 생각하며 조금씩 마음이 놓이기 시작했다. 나는 무엇이든 내가 먼저 해 보고 좋으면 주위에 분들에게 소개를 한다. 그만큼 나 스스로 신뢰감이 있어야 누군가에게 소개를 해 주는데 동생이 하고 있는 수산물은 내가 받아서 먹어봐도 정말 맛있었다.

겨울철에 친정에 가게 되면 늘 친정 모친께서서 대게를 주문해서 집에서 쩌 먹었는데 현지에 살고 있는 엄마가 사는데도 10만 원에 10~15마리 정도였다. 동생이 유통하는 홍게나 대게는 예전에 우리가 사 먹던 것보다 훨씬 저렴하고 맛있는 최상의 상품이다.

고등학교 때부터 밖에서 공부를 하게 되어 떨어져 생활을 했지만 동생은 나와 코드가 잘 맞는 것 같다. 어릴 때 기억은 별로 남아있는 것이 없고 고등학교 때부터 나가 있다 보니 방학 때나 잠깐씩 볼 정도여서 사실은 동생과는 추억이 많지 않았다. 그런데 이번에 동생이 사업을 시작하면서 서로 통하는 것이 많은 것을 알게 되었다.

동생이 수산물 유통 사업을 시작한다고 했을 때 집으로 먼저 홍게와 대게를 한 박스씩 시켜 먹어봤다. 비싼 대게보다 홍게가 정말 맛있었다. 알도 꽉 차 있었고 대게 맛이 났다. 7만 원의 가격에 이런 물건을 받기 힘들다는 생각에 아는 분들에게 알려 주며 주문을 받았다. 동생이었지만 내 지인들에게 최상의 물건을 공급해 주길 당부했다. 동생도 나름 최선을 다해 좋은 물건을 공급했고 주문해 주신 분들에게 최선을 다했던 것 같다.

한 번 물건을 주문한 고객들에게는 좋은 물건을 공급하고, 재주문을 해 주는 고객분들께는 더 신경을 쓰는 등 정성을 다했다. 덕분에 홍게를 주문해서 받아 보신 분들이 다들 인사를 하신다. 동생이 하는 일에 신뢰가 더 생기게 되었고 내 일을 하면서 틈틈이 SNS를 통해 홍보를 해 주게 되었다.

학모분들, 글로벌수성여성아카데미의 선생님들, 대학원 동기들, 친구의 친구들, 내가 알고 있는 많은 사람들에게 맛있는 홍게를 맛보이고 싶어서 알렸다. 이렇게 누군가에게 좋은 것을 나눌 수 있는 것이 즐겁고 행복했다. 물론 동생에게 도움이 되기도 했다. 지금까지 살아오면서 도움을 받은 많은 분들께 좋은 것을 나눌 수 있다는 것이 이렇게 즐겁고 행복하구나 라는 생각을 이번에 동생을 도우면서 또 하게 되었다.

내가 생각하는 나의 미래 업무 중 하나가 바로 '휴먼플랫폼'을 만드는 일이다. 퇴직을 하고 넓은 세상을 둘러보면서 알게 되고 배우게 된 좋은 지식들을 함께 하는 가까운 지인들에게 알리고 싶다. 그로 인하여 나의 사업이 번창되면 서로 각자가 하는 일에 더 큰 시너지 효과를 만들 수 있도록 연결하는 플랫폼 역할을 하는 것이 나의 계획이다.

마침 동생도 그런 부분이 나와 잘 맞는 것 같다. 동생도 사업을 하면서 주문해 준 고객미디 감사한 마음에 좋은 제품을 공급하게 되었다고 한다. 한 번이라도 주문해 준 고객이 있는 지역에 가게 되면 안부를 묻고 연락을 하고 싶다고 한다.

내가 생각하는 것도 그런 부분이다. 아이들을 키우면서 엄마들이 모르는 아이의 타고난 재능을 검사하고 상담해 주는 것만으로 끝나는 것이 아니라 나와 상담한 학생들이 학교에 진학하고 사회인이 되는 과정에 늘 찾아와 내가 나눌 수 있는 지식을 나눠주고 조언을 해주는 역할을 하고 싶다. 또한 먼저 학교에 진학한 선배들도 서로 멘토와 멘티로 알게 되기를 원한다.

3P바인더를 알게 되면서 나의 인생의 프로젝트를 계획했는데 그것이 신기하게도 자꾸 이루어진다. 나에게 바인더 강의를 들은 사람들도 각자의 업에서 자기 경영을 하게 되고 자기 성장을 이루어가기를 간절히 바란다. 내가 꿈꾸는 세상이 있다. 함께 성공을 응원하는 사람들과 조찬모임을 함께할 날이 곧 올 것이라 생각한다. 그곳에서 서로의 성공 사례를 나누고 서로의 꿈을 응원하며 함께 성장하는 것이다.

사람들은 절대 혼자서는 살 수 없다. 함께할 때 더 큰 힘을 얻게 되고 영향력도 커지게 된다. 퇴직 후 3년 동안 내가 만난 많은 사람들이 함께 꿈을 이루며 행복한 삶을 살아갈 수 있도록 내가 지식공유와 교육제공을 하며 함께하고자 한다. 아이들을 바르게 잘 키운 엄마들도 엄마들의 인생을 즐길 수 있는 뭔가를 만들어 주고 싶다. 많은 직장인들이 언제까지 직장생활을 할 수 있을까 고민하고 있을 것이다. 내가 먼저 경험했기에 퇴직하면서 제대로 된 커리큘럼을 만들어서 본인의 전직을 찾아 즐겁게 인생 2막을 준비할 수 있도록 도와주고 싶다. 그분은 나보다 짧은 시간 안에 본인들이 원하는 뭔가를 찾을 수 있도록 도와주고 싶다.

멀지 않은 때에 '라온제나' 호텔에서 조찬모임을 할 날을 상상해 본다. 그곳에서 함께할 이들을 생각하며….

내 인생의 의미

매년 4월 중순이 넘어가면 동해안 바닷가 마을은 자연산 돌미역을 수확하는 데 한창이다.

바닷가에 살고 있는 사람들은 미역이 나는 갯바위가 밭과 마찬가지다. 친정 동네에서는 매년 11월말경이 되면 동네 사람들이 마을 회관에서 모여서 미역이 나는 갯바위를 배정한다. 그걸 시골 사투리로 '미역짬'이라고 한다. 마을 앞 바다 속에 있는 미역이 많이 나는 바위에는 많은 사람을 배정하고, 미역이 적게 나는 바위에는 사람을 적게 배정하는 식이다.

옛날부터 내려오던 방식을 지금도 하고 있는데 마을에 살고 있는 가구에 맞춰 미역이 나는 바위를 적절하게 배분을 한다. 마을 사람들 중에 연세가 많으신 어르신들은 미역짬을 배분받더라도 힘든 미역 일을 못할 것 같으면 다른 사람들에게 돈을 조금 받고 팔기도 한다. 그건 각자의 선택이다.

미역을 하려면 미역을 채취하는 사람이 필요한데, 돈을 주고 마을마다 해녀 일을 하는 사람을 구하기도 하고 작은 배를 타는 아저씨에게 돈을 주고 작업을 해달라고 미리 약속을 하기도 한다. 바다에서 미역을 채취해 오면 육지에서 미역을 발에 널 수 있도록 미역귀와 미역줄기를 잘라주고 옮겨주는 뒷일을 하는 사람도 한두 명 필요하고 미역을 발에 널어 주는 사람도 두세 명 있어야 한다.

예전과 같이 젊은이들이나 자녀들이 있으면 다들 나와서 미역 철에는 미역 일을 돕는다. 하지만 언제부턴가 젊은이들은 도시로 나가고 마을에는 어르신들과 부모님들만 남게 되면서 미역짬을 받아도 일손이 없어서 미역 건조 작업을 할 수 없는 동네 어르신이 생겼다. 그런 분들은 받은 짬을 팔게 된다. 엄마는 바닷가에서 태어나 지금까지 바닷가 동네에서 살고 있다. 엄마는 해녀 일을 잘하신다. 미역 작업을 할 때 가장 중요한 일이 물속에서 미역을 채취하는 일인데 엄마는 그 일을 할 수 있다 보니 동네 어르신들이 미역짬을 파는 것을 여러 개 돈을 주고 사기도 한다.

어떤 해에는 5~6개의 미역짬을 샀다고 했다. 다른 사람들은 한 개의 미역짬을 하는 것도 애를 먹는데 엄마는 일에는 겁을 내지 않는다. 4월 중순이 넘어가면서 바다 날이 좋으면 미역을 하기 시작하는데 5월초 노동절, 석가탄신일, 어린이날, 어버이날 등 연휴가 있다 보니 우리가 와서 도와줄 것까지 생각해서 넉넉히 사두시곤 한다. 친정 동네 대부분의 사람들은 봄 한철에 하는 미역 작업으로 반년을 살아간다. 나머지 반년은 겨울철의 오징어 작업을 해서 다음해 미역할 때까지 먹고 사는 것이다. 그러니 미역을 할 때는 온 마을이 미역 작업에 엎어져 있다. 그때는 식사도 시켜서 먹고 온 식구들의 손을 빌린다. 2~3주 정도 바짝 미역작업을 하게 되는데, 이때가 되면 오 남매인 우리 형제는 한꺼번에 친정집에 가지 않고 한 주에 한 명씩 돌아가면서 친정집에 가서 일손을 돕는다. 특히 미역이 집중된 5월 첫 주에는 두 명 정도 같이 가기도 한다. 그때는 미역이 한창이기 때문이다.

몇 해 전에도 어버이날이 5월 첫 주인 때가 있었다. 엄마도 보고 싶고 어버이날도 있고 하여 남동생과 우리 가족이 시간을 맞춰서 같이 가기로 했다. 그 전날 저녁에 벌써 엄마에게 전화가 왔다. 내일 날이 좋아서 미역을 하니 아침 일찍 오라는 전화였다. 일찌감치 저녁식사를 하고 새벽 일찍 대진으로 출발을 하려고 준비를 해놓고 잠자리에 들었다. 새벽 4시가 조금 넘었을까. 핸드폰이 울려서 받아보니 친정 엄마였다.

"명숙아. 날이 빤하다. 일찍 오너라."

잠결에 전화를 받고 시계를 보니 4시가 조금 넘은 시간이었다. 엄마는 벌써부터 미역을 하러 갈 준비를 하는 모양이었다. 우리가 오기만을 기다리는구나 싶어서 바로 일어나 4시 반쯤 집을 나섰다. 대구 우리 집에서 출발해 영덕 대진에 있는 친정집까지는 두 시간쯤 걸린다. 새벽에 출발해 친정집에 도착한 시간이 아침 6시였다. 엄마는 벌써 바다에 작업을 하러 나가셨고, 우린 거실에 짐만 내려놓고 가서 미역 일을 시작했다.

새벽부터 바닷속에서 작업을 하고 있던 엄마는 점심때가 되어서야 식사를 하시러 육지에 올라오셨다. 그리고 나서 금세 식사를 하시고 또 바닷속으로 미역을 하러 가셨다.

직장생활을 하던 우리는 엄마 일도 돕고, 어버이날이라 엄마와 식사라도 같이 하려고 내려왔는데 엄마는 바다 속에서 미역을 채취하느라 자식들과 눈을 마주칠 시간도 없었다. 우리는 엄마가 그동안 얼마나 열심히 살아 오셨고 어떤 마음으로 우리를 키웠는지를 잘 알기에 말없이 엄마의 일손을 돕고 있었다. 그런데 옆집에서 미역을 널던 분들 중 한 분이 엄마 험담을 하기 시작했다. 우리 형제들은 엄마가 일하는 게 힘들지 않도록 주말마다 돌아가면서 와서 도와주기도 하고 형제들 모두 나름 엄마에게 잘하는 편이다. 그분은 딸과 아들이 있지만 우리 형제들처럼 도와주는 일도 없어 보였고, 엄마가 여러 개의 미역짬을 사서 돈을 많이 버는 것이 배가 아팠던 모양이다.

자식들이 와서 옆에서 일을 하고 있는데도 그렇게 이야기를 하는 그분의 인격을 이해할 수가 없었다. 엄마의 흉을 늘어놓는 그분에 대해 우리는 대꾸를 하지 않고 그냥 하던 일을 계속했다. 동네 사람들이 모여서 일을 하고 있는데, 누가 엄마 흉을 늘어놓는다고 해서 우리가 어른들에게 대꾸하는 것은 옳지 않다고 생각했고 우리는 엄마가 그런 사람이 아니라는 것도 잘 알기 때문이었다.

사촌이 땅을 사면 배가 아픈 것처럼 그분이 배가 아팠던 모양이다. 우리 집은 위치상 길옆이라 미역 일을 하기도 쉽고, 미역 건조장도 갖고 있고, 엄마가 직접 미역을 채취하니 날씨만 좋으면 미역을 할 수 있다. 주말마다 자식들이 돌아가며 엄마 일손을 도우러 와주기까지 하니 샘이 났던 것 같다.

대부분의 어머님들이 그러하겠지만 엄마 인생에 전부는 자식들이다. 형편이 넉넉하지 않은 집으로 시집을 오셔서 자식들을 바르게 잘 키우기 위해서 힘든 일을 마다하지 않고 해오셨다. 늘 우리에게 하시는 말씀이 바르고 착하게 열심히 살아야 한다는 것이었다.

엄마가 열심히 살아가는 이유는 우리들에게 그렇게 살아야 한다는 것을 몸소 보여 주고 싶기 때문이라고 하셨다.

"부모인 내가 덕을 많이 베풀면 그것이 모두 너희들에게 간다. 말도 안 되게 억지를 부리는 ○○에게도 뭐라 하지 않는다. 잘못 되었다는 것을 자기가 먼저 알기 때문이다"라고 하신다.

엄마는 속상한 일이 있어도 참고, 상대방에게 자비를 베푼다고 생각하고 좋게 넘어간다고 한다. 엄마가 열심히 생활하신 것을 우리들이 다 지켜보고 그것을 배워 열심히 해 주기만을 바란다고 했다. 뭐라도 이웃과 나누려고 하고 마음으로 대해 준다. 설령 그 사람이 알아주지 못하더라도 그렇게 한다. 친정아버지께서 돌아가신 뒤에는 이렇게 말씀 하시곤 했다.

"내가 너희들을 잘 되도록 해야 나중에 너희 아버지 볼 면목이 있지. 어쨌든 잘하고 살아라. 엄마가 너희들을 위해 얼마나 열심히 했는지 알면 너희들도 그렇게 살아라. 그리고 너희 자식들에게 재산을 물려주려고 하지 말고 부지런히 공부를 시켜라. 가벼운 공부를 많이 시켜서 엄마 아랫대에서도 대통령감이 나오도록 자식들 잘 키워라. 아마도 너희 성민이가 그렇게 될 것이다. 아들 잘 키워라."

늘 말씀 하신다. 친정엄마의 삶의 의미는 자식에 있다. 엄마가 베푸는 공덕만큼 자손들이 잘되는 것이라고 생각하셔서 정말 최선을 다하시는 것 같다. 친정 엄마에게 늘 말씀 하신 대로 나 역시 아이들을 바르게 잘 키우는 엄마이고 싶다.

우리 아이들을 바르게 잘 키워 세상에 내놓고 싶다. 우리 아이들에게 '이 나라에 꼭 필요한 사람이 되어라. 다른 사람을 돕는 사람이 되어라'라고 한다.

퇴직 후 넓은 세상을 살펴보면서 나름 내가 살아온 삶을 되돌아보는 시간을 갖기도 하며 앞으로 내가 어떤 삶을 살아갈지 생각할 시간을 갖게 되었다.

40대 초반까지는 나를 위한 것을 많이 생각했던 것 같다. 직장생활을 하면서 수입이 생기면 집을 넓히고 싶고, 나를 위해 뭔가를 먼저 챙기고 싶었는데 꿈을 이뤄가다 보니 이런 삶도 행복한 삶이구나 싶다. 나와 함께 하는 모든 사람들이 꿈을 이루며 행복한 삶을 살아갈 수 있도록 지식공유와 교육지원을 하며 살아가고자 한다. 의미 있는 삶을 살고 싶고, 내가 먼저 알게 된 것을 나누어 주고 싶다. 진로상담을 하는 아이들의 재능을 찾아 즐겁게 뭔가를 할 수 있도록 도와주는 역할을 하고 싶고, 직장생활을 하다 나처럼 퇴직한 사람들이 홀로서기를 할 수 있도록 돕는 일을 하며 살고 싶다.

내 인생에서 내가 얼마나 화려한 인생을 살았나 보다는 다른 사람들에게 어떤 영향력을 미쳤는지, 주위 사람들의 삶을 변화시키도록 만들었는지를 기준으로 살아가고 싶다.

최근에 새로일하기센터의 경력단절여성교육과정에서 직무소양교육을 몇 차례 하게 되었다. 결혼 뒤 아이들 육아문제로 경력이 단절되고 새롭게 일을 찾고자 교육을 받고 있는 분들을 만나면서 그분들에게 내가 무엇을 해드릴 수 있을까 하고 많은 고민을 하게 된다. 처음에는 1시간의 특강이 2시간이 되었고 그다음에는 3시간의 강의로 이어졌다. 지난 5월에는 8시간의 직무소양 교육 전체를 진행하게 되었다.

아이들을 키우면서 알게 된 것들과 나 역시 경력단절 시간을 보내면서 경험하게 된 것들이 그분들이 공감할 수 있고 유익한 정보가 되었던 것 같다. 강의를 마치고 연락처를 물어보거나 더 이야기를 나누고 싶어 하는 분들도 있었다.

"저도 강사님처럼 강의를 하고 싶어요."

이런 말들이 내게 가장 큰 응원의 메시지가 된다. 내가 다른 분들에게 작은 영향력을 미치게 되는 것 같아 너무 행복하고, 그분들을 통해 내가 조금씩 성장하고 있다는 것을 알아 가게 된다.

의미 있게 살아가고자 한다. 삶의 의미를 찾으며 나는 성장하고 있다.

최근에 만난 사람들 속에
파트너가 있다

　우연히 기회가 나에게 다가왔을 때 내가 알지 못하면 그냥 스쳐가게 되지만 늘 머릿속에 생각하고 준비를 하다 보면 기회가 왔음을 알아차리게 된다. 내가 바인더를 만나게 된 것도 그런 것이다. 부동산에 관심 있어 하던 남편이 강의를 듣기 위해서 주말마다 나가던 교육장에서 『인생의 차이를 만드는 독서법 본깨적』이라는 소개 받은 것도 그런 기회였다. 남편이 먼저 읽어 보고 좋은 것 같다며 나에게 소개를 해 주었다.

　새로운 일을 시작한다면 강의를 하고 싶다는 생각을 하고 있던 터라 강사활동을 하고 있던 저자에게 더 관심이 갔다. 그 책을 읽어 내려가던 중 책 속에 소개된 강규형 대표님에 대해 찾아보게 되었다. 그렇게 바인더를 만나게 된 것이다.

　또, 3P바인더 코치과정에서 진로진학상담사 강의와 다중지능평가사를 하시는 선배님을 만나게 됐다. 내가 '나의 사명'을 발표하는 것을 듣고 진로진학상담사로 활동을 하고 있고 아이들 다중지능 검사와 상담을 하고 있다며 진로진학상담사 교육을 소개해 주었다. 코치과정이 금요일과 토요일에 진행되는 1박 2일 과정이었는데 진로진학상담사는 다음날인 일요일에 부산에서 진행이 되고 있어 바로 배우러 가기로 했다.

　늘 배우고 싶던 것이었는데 코치과정을 하는 선배님 덕분에 배울 수 있게 되었다. 그렇게 부산에서 진로진학상담사 2, 3급 과정을 수료했다. 서울에서 진행되는 진로진학상담사 1급 과정을 수료하기 위해 매주 서울을 오갔고, 다중지능적성평가사까지 마무리를 하였다.

교육을 마친 후에도 지속적으로 스터디에 참석을 하며 입시컨설팅을 함께 배우게 되었다. 함께 진로진학을 공부하시는 선생님들 중에는 실제로 학원을 운영하시는 분들도 있으셨고 학교에서 학생들을 가르치는 분들도 있으셨다. 강남 대치동에서 꽤 유명하신 입시컨설팅 선생님들도 계셨다. 배움도 배움이지만 교육 과정 속에서 내가 찾고 있었던 분야의 전문가 선생님들을 만날 수 있는 기회를 얻을 수 있는 것이 더 감사했다.

진로진학과정에서 배운 것을 고등학생이 된 큰아이 학교생활기록부를 준비하는 데 많이 활용했고, 수시전형을 위해 차근차근 준비해 나갔다. 배운 것을 아이들에게 적용도 하고 학부모들에게 알려주다 보니 상담 컨설팅 요청이 들어왔다. 최근에는 내가 관심을 갖고 만나는 사람들 속에서 사업파트너를 만나게 되었다.

초기에는 배운 것들을 바탕으로 입시상담을 했다. 현업에서 직접 상담을 하고 있는 학원선생님의 도움을 받아가며 상담을 했었는데, 점점 익숙해지면서 나름 혼자만의 결정을 내려 보기도 하고 내려진 결정에 대한 조언을 함께 공부한 선생님들과 나누기도 했다. 그렇게 점점 내가 성장하고 있다는 것을 느끼게 되었다.

진로진학상담사를 공부하면서 뭔가 부족한 것을 찾다 보니 다중지능평가사를 배우게 되었고, 어떻게 하면 더 전문적으로 자녀들의 진로를 찾아 줄 수 있을까 고민을 하게 됐다. 그러다 보니 함께 진로진학상담사 공부를 한 선생님들과 팀을 만들게 되었다.

입시컨설팅 전문가 선생님, 학생부종합전형 비교과활동 전문가 선생님, 자기소개서 전문가 선생님, 과목별 학습코칭 전문가 선생님이 함께 팀을 만들어 프로젝트 준비를 진행하고 있다.

내가 하고자 하는 일에 도움을 주는 분들을 전부 최근에 만난 인연들 속에서 찾게 되었다. 관심이 있는 분야에 대해 많은 생각을 하다 보니 함께할 사람들을 만났을 때 도움을 요청하게 되고 서로 인연이 되어 가는 것 같다. 내가 뭔가를 간절히 이루고 싶고, 찾고 싶은 것이 있을 때는 만나는 사람들에게 그것에 대해 이야기하게 되고, 그러다 보면 이렇게 인연이 닿는 것 같다.

우연히 책을 통해서 알게 된 3P바인더를 배우기 시작해서 마스터 과정까지 마치고 본격적으로 프로과정을 개설하기도 했고, 본사에서 진행되는 코치과정에 참여하는 마스터 코치로 활동도 하게 되었다. 처음 3P바인더 코치과정에 참여를 하면서 포항, 부산, 창원, 거제에서 오신 교육생분들의 코칭을 맡게 되었다. 1년 전에 바인더를 처음 만나 내가 꿈꾸는 삶을 살아가기 위해 뭔가를 찾고자 이곳에 왔던 때가 생각이 나기도 하고 이곳에 모인 선배님들이 어떤 마음이라는 것을 너무나 잘 알기에 코칭을 하는 마음이 남달랐다.

코치과정에서 만난 선배님들은 한 분 한 분 다들 대단하신 분들이었다. 그분들이 꿈을 이루며 살아갈 수 있도록 작은 힘이라도 더 나누고 싶어 나의 꿈도 나누며 서로의 꿈을 응원하게 되었다. 먼저 바인더를 만난 선배로서 코칭을 맡게 되었는데 그 과정 속에서 나의 꿈을 이룰 수 있도록 도와주는 분을 또 만나게 되었다.

내가 지금까지 배웠던 것들 중 좋은 것을 나누고 싶고, 자녀들을 키운 이야기를 책으로 쓰고 싶다고 했더니 창원에서 오신 선배님 한 분께서 이은대 스승님을 소개해 주었다. 연락처를 받아 핸드폰에 저장해 두고 잠시 잊고 있다가 바쁜 일정들이 좀 마무리가 될 때쯤 연락을 드리게 되었다.

문자를 드렸더니 바로 전화를 주셨고, 창원 4차 글쓰기 과정에서 이은대 스승님을 만나게 되었다. 바쁜 일정으로 사전에 탐색을 해볼 여유도 없이『내가 글을 쓰는 이유』라는 스승님께서 쓴 책만 주문을 해두고 첫 수업에 참여를 했고 그간의 이은대 스승님의 이야기를 강의실에서 듣게 되었다.

45년간 살아온 내 삶의 어느 한 부분을 글로 표현하면서 그동안 열심히 살아온 나를 위해 박수를 보내기도 하고 가족들과 함께 보낸 시간들, 아이들을 키우면서 마음 짠했던 감정들이 되살아나는 것도 경험하면서 위안을 받게 되었다. 과거 나의 삶이 얼마나 귀한지를 글을 쓰면서 알게 되었다.

일정이 있어서 두 번째 수업에 참여를 못했는데 그동안 내가 쓴 글을 바탕으로 스승님께서 이메일로 목차를 보내주셨는데 얼마나 감동을 했는지 모른다. 내가 쓴 글 속에서 내 인생을 그대로 보셨고 그것을 바탕으로 목차를 만들어 주신 것이다. 목차만 보았는데도 지금까지 내가 힘들었던 것, 애를 쓰며 열심히 직장생활을 했던 것, 아이를 키우면서 알게 된 것들, 내 삶이 그 속에 그대로 담겨 있었다. 감격하여 엉엉 소리 내어 울기도 했다. 나의 삶을 내 마음에 쏙 들게 담아 놓으신 것이다. 내가 그동안 표현하지 않아 몰랐던 내 인생이 한눈에 보이는 게 아닌가. 스승님께 뭐라 표현하지 못하게 감사할 따름이다.

3P바인더 코칭을 하던 중 우연히 나의 꿈을 이야기하는 과정에서 책을 쓰고 싶다는 이야기를 했는데 책쓰기 수업을 듣게 되고 내가 책을 쓰게 되어 세상에 그 책이 나오게 된다니….

3년이 다 되어 가는 시간동안 홀로서기를 하기 위해서 많은 것들을 배우고 강의를 하고 있었지만 뭔가 2% 부족함을 느끼고 있을 무렵 독서리더를 함께한 분을 통해서 또 새로운 것을 알게 되었다. 1인 지식기업전문가 과정에 대한 이야기를 듣게 된 것이다. 2017년 한 해는 프로젝트로 나만의 콘텐츠를 만들어야겠다고 생각하고 찾던 중에 카톡에 올라온 사진 한 장을 보고 또 기회를 찾게 되었다. 신기하게도 내가 뭔가를 목표를 세우고 그렇게 가고자 하면 나를 도와주는 분들이 생기게 된다. 지금까지 준비하고 배워온 것들로 하나의 콘텐츠를 만들 수 있는 또 하나의 기회를 만나게 되어 시작하였다. 내가 꿈꾸는 것들을 하나씩 이루며 살 수 있어 너무 감사하고 행복하다.

자기성장아카데미에서 진행하는 1인지식전문가과정을 통해서 그동안 내가 고민하고 찾고자 했던 모든 것들이 해결되었고, 내가 더 크게 성장하는 길을 찾게 되었다. 서로 응원하고 함께 성장하는 파트너를 만나게 되었다.

이제는 만나는 사람들에게 짧은 순간이라도 성심을 다하게 된다. 서로의 꿈을 이룰 수 있도록 응원하게 되고 함께하는 분들 덕분에 내 꿈에 한 발짝 더 다가가게 된다는 것을 알기 때문이다.

함께 아이를 키우는 엄마들

최근에 몇 차례 강의를 하면서 느끼게 된 것이 있다. 대부분의 많은 엄마들이 아이들이 학교생활을 잘 해 주기를 원하고 진로를 잘 찾아 열심히 공부해 주기를 원하면서도 정작 자신들은 학교에서 진행되고 있는 교육이라든지 학생들의 학습일정표를 어디에서 찾아보는지조차 잘 알지 못하고 있다는 것이다.

아이들에게 관심을 갖고 잘 해 주고 싶은데 어떻게 접근을 해야 하는지 잘 몰라서 혼자 고민을 하고 있는 엄마들도 많았다. 초·중·고등학교마다 분명히 부모의 역할이 있다. 하지만 그것을 누가 자세히 알려주지 않다 보니 엄마들은 답답한 것이다. 그렇다고 모른다는 것을 모른다고 이야기하는 게 쉬운 일도 아니라 그냥 있게 되기도 한다.

아이들이 초등학생일 때 만난 엄마들은 마음이 편하다. 초등학교 공부라고 해 봤자 그렇게 어려운 것도 아니고 초등학교 다닐 때만 하더라도 대부분의 엄마들은 우리 애가 천재인 줄 안다. 영재고도 보낼 것 같고, 민사고도 보낼 것 같은 생각에 이것저것 많은 것들을 시킨다. 옆집 아이가 뭘 한다고 하면 우르르 관심을 보이기도 하고 다른 애가 영어를 좀 잘한다고 하면 그 학원을 기웃거리기도 한다.

모든 엄마들이 그러하지는 않지만 지금 살고 있는 동네에서는 그랬던 것 같다. 달서구에서 살다가 큰아이 초등학교 1학년 여름방학 때 수성구 황금동으로 이사를 왔다. 둘째가 딸이라 생각했는데 아들이 태어나길래 그때부터 이사를 가야겠다고 생각을 했다. 남자아이 둘이면 학군이 좋은 곳으로 이사를 가야 한다고 생각을 하고 수성구에서도 주거환경이 좋다는 황금동으로 집을 알아봤다.

예전에 학군을 따지는 선배 언니들 이야기를 들을 때 피식 하고 웃으며 굳이 그렇게 해야 하나 싶었는데 내가 아이를 키우게 되니 자연스럽게 학군을 따지게 되었다.

아파트 단지 내에 초등학교가 있어 바로 보낼 수 있고 대부분이 아파트에 거주하는 학생들이 다닌다. 아파트 전체가 4,320세대다 보니 학원을 가더라도 초등학교 친구이고 같은 아파트에 사는 친구들이다. 다른 지역에 살다가 수성구로 와서 엄마들의 치맛바람을 따라가려면 힘들 거라 생각하는데 내가 와 보니 그렇지만은 않았다. 물론 학교에 관심을 많이 보이는 엄마들도 있겠지만 엄마 스스로가 소신 있게 아이들을 키우면 된다고 생각한다.

이곳으로 이사를 와서 나름 좋은 점은 우선 어린아이들이 놀이터에 놀 때 욕을 사용하지 않는다는 것이다. 예전에 살던 아파트 놀이터에서는 가끔 아이들이 놀면서 욕을 쓰는 경우가 한두 번 있었는데 이곳에서는 부모님들의 학력수준도 어느 정도 되고 환경이 좋아서인지 놀이터에서 노는 아이들도 떼를 쓰거나 욕을 쓰지 않았다.

아이들 학원비는 물론 2~3만 원 정도 비싸기도 하지만 모든 학원이 그렇지만은 않은 것 같다. 학원 시설이나 환경이 좋고 좀 더 우수한 선생님들께서 지도를 해 주시는데 그 정도의 대가는 치러야 한다고 생각하기 때문이다. 물론 여유가 있으면 비싼 학원을 보내기도 하지만 잘 알아보면 우수한 선생님께서 저렴하게 수업을 해 주시는 곳도 많다는 것이다. 어릴 때부터 공부하는 습관을 만들게 되고 많은 학습량에 익숙해질 수 있어서 이곳으로 이사를 온 것은 잘한 선택이라는 생각이 들었다.

초등학교 때는 다양한 경험과 독서습관이 제일 중요한 것 같다. 많은 대부분의 엄마들이 같은 이야기를 하는데 그것이 사실이기 때문이다. 두 아들을 키우면서 초등학교 때 독서 습관이 나중에 학습력을 키워나가는 밑바탕이 되는 것을 알게 되었다. 거기에 하나를 더하자면 수학 셈을 하는 연산 훈련을 하면 좋다. 그게 초등학교 때 할 수 있는 최선인 것 같다. 아이가 책을 읽고 나면 책 속의 내용을 엄마와 나누는 시간을 가져보면 좋다. 아이들 나름대로 생각하는 힘을 키우고 표현하는 능력을 키워줄 수 있어 좋은 것 같다.

내가 우리 아이들을 먼저 키워 보니 동생네 조카들에게는 많은 책을 읽어주라고 이야기한다. 우선 글자를 빨리 익히게 되면 스스로 책 읽는 습관을 들이게 되고 아이가 책을 읽으면 엄마는 많은 칭찬을 해 주고 책 내용을 나누는 것이 학습의 기초를 마련하게 된다.

중학교 때는 특히 엄마들이 아이들의 생각을 잘 읽어야 하는 것 같다. 집에서 보여 주는 아이의 모습이 전부가 아니다. 잠깐 엄마가 신경을 안 쓰면 아이들은 어디로 튈지 모르게 된다. 중학교 2학년인 둘째가 그렇다. 큰애 때는 경험하지 못한 다양한 경험들로 마음을 졸이기도 했다.

중학교 입학을 했을 때는 한창 자전거에 관심을 보였다. 반 친구들 몇 명이 자전거를 구입을 했던지 자전거를 사 달라고 조르다가 엄마가 허락해 주지 않으니 한동안은 본인의 용돈을 모아서 자전거를 사겠다고 해서 한참을 나를 힘들게 했다.

집과 학교와의 거리가 승용차로 10분 정도면 이동이 가능하고 버스로는 15~20분 이내면 학교까지 도착을 하는데 그 거리를 자전거를 타고 싶다고 졸라 댔다. 엄마들이 생각하는 10·20만 원의 자전거도 아니었다. 요즘 애들은 기본이 50만 원이 넘는 자전거를 탄다고 한다.

자전거가 뭐 그리 비싸냐고 했더니,

"엄마들이 비싼 자동차 사고 싶은 것처럼 우리가 좋은 자전거 한 대 뽑고 싶어요."

라고 하는 것이 아닌가.

학기 초에 한참을 조르다가 잠잠한가 했더니, 또 반 친구가 자전거를 중고로 싸게 판다고 구입을 하고 싶다고 조르기에 두말하지 않고 거절을 했다. 아이들이 자전거를 타다보면 작은 부상도 생기게 되고 자전거를 타고 멀리까지 친구들끼리 놀러도 다닌다고 한다. 집에 자전거가 없는 것도 아닌데도 멋을 부리고 싶은지 좋은 자전거를 타고 싶다고 그렇게 졸라댔지만 반대를 하고 결국은 아들이 포기를 했다.

대부분의 학생들이 스마트폰을 갖고 있지만 아직 아이들에게 스마트폰을 사주지 않았다. 큰아이는 초등학교 때 있었지만 중학생이 되면서 공부에 방해가 된다며 없애 달라고 하여 그렇게 했다. 고등학생이 되면서 밤늦게 픽업을 가면서 서로 엄마와 연락을 해야 되어 2G폰을 구입을 해줘서 사용을 하고 있고 둘째는 아직 구입해 주지 않았다. 그런데 어느 날 학원선생님께서 둘째가 학원에서 핸드폰으로 게임을 하고 있다는 제보를 주셨다. 확인해 보니 공기계를 구입한 것이었다.

중학생 아이들은 부모들이 상상도 하지 못하는 일들을 하기도 하고 자칫 잘못 방치해두게 되면 어느 순간 잘못된 선택을 하기도 한다. 다만 엄마들이 모를 뿐이다. 다행히 아들 둘을 키우면서 어떤 때 아이들이 그런 일이 벌이는지 우리 애들을 통해 이야기를 듣게 되었다.

아직 어리다고만 생각했던 중학생들도 엄마들은 모르지만 야동도 보게 되고, 부모님이 없는 집에서 냉장고에 맥주를 한 캔 꺼내서 친구들끼리 나눠 마셔보기도 한다. 어떤 친구는 호기심에 담배를 피워보기도 한다. 엄마들만 모른다. 아이들이 좋은 성적으로 원하는 대학에 가기를 희망하지만 사실 엄마들이 아이들 보다 모르는 경우가 많다.

내가 언젠가 꼭 해 보고 싶은 것 중 하나가 아이들을 키우는 부모님들 특히 엄마들이 서로 소통을 하고 아이들을 케어하는 프로그램을 만드는 것이다. 수학 학원을 보내고 국어 학원을 보내는 것보다 인문학을 공부시키는 게 더 중요하다. 그럼에도 불구하고 많은 엄마들은 잘 모르고 있다.

미래를 살아가는 아이들에게 어떤 힘을 길러 줘야 할까?

아이들을 함께 키우는 엄마들이 많은 고민을 하고 그 답을 찾아가는 역할을 해줘야 하지 않을까 생각한다. 아이들보다 먼저 인생을 살아 보았으니 어떤 삶을 살아야 하는지, 진로를 어떻게 찾아 가야 하는지 방법을 터득할 수 있도록 해 주고 싶다.

최근에 경력단절 여성분들에게 새로운 일을 찾아주는 과정의 강의를 한 적이 있는데 30~40대 아이들을 키우는 엄마들이 대부분이었다. 나 역시 아이들을 키우는 엄마이다 보니 강의 내용을 교육생들에게 맞춰서 몇 가지 엄마들이 알아야 할 부분들을 이야기 했더니 다들 공감하셨다.

혼자 걱정만 하고 고민했던 일을 누군가와 소통하면서 엄마들은 고개를 끄덕이며 귀한 강의였다고 말씀해 주셨다. 함께 공감해 주시고 솔직한 이야기를 나눠주셨다. 덕분에 교육진행이 원활하게 잘 되어 감사했다.

아이를 키우는 엄마이지만 좋은 엄마가 되기 위해서 어떻게 해야 하는지 교육을 받지는 못했다. 내가 찾아보게 되고 먼저 아이를 키운 선배 엄마들에게 들은 노하우로 아이들을 키우고 있다. 이제는 엄마들도 공부를 해야 할 때인 것 같다. 대학 입시만 하더라도 수천 가지의 입시전형을 아이들 혼자에게 맡겨서는 안 된다고 생각한다. 엄마가 먼저 공부해서 아이들 적성에 맞는 것을 찾아 주는 것이 맞는 것 같다. 결혼한 부부가 부모가 되기 전에 엄마가 되기 위한 교육을 받았으면 좋겠고, 엄마교실, 아빠교실을 통해 엄마, 아빠 교육을 받았으면 좋겠다.

얼마 전에 고3이 되어 체력이 떨어진 큰아이를 데리고 영천에 있는 한의원을 찾았는데 한의원 원장님께서 큰애에게 수험생에게 중요한 것이 무엇인지 조언을 주신 적이 있다. 큰애는 그 말씀을 잘 새겨들었고 나름 말씀을 되새기며 노력하는 모습을 보였다.

다행히도 이번 중간고사 시험 때 한의원 원장님께서 해 주신 말씀 덕분인지 지난번보다 성적이 조금 개선됐다. 엄마가 이야기하면 잔소리가 될 수 있는 말이었는데 원장님의 말씀은 효과가 있었던 모양이다. 다음에는 둘째를 데리고 한의원 원장님을 찾아가 보고자 한다. 둘째에게 맞는 조언이 은근히 기대가 된다. 뭔가 특별한 말씀이 아니라 아이들을 키워 보시면서 경험한 귀한 말씀을 큰아이에게 와 닿게 잘 말씀해 주셔서 원장님께 감사했다.

함께 아이들을 키우는 엄마들의 소소한 일상들을 나누고 아이들이 더 행복 할 수 있도록 고민하다 보면, 좋은 부모가 되고 아이들도 바른 어른이 되어 갈 것이라 생각된다.

3P바인더를 통해 만난 인연들

예전에는 미처 몰랐던 일이다. 많은 사람들이 이렇게 일찍 새벽같이 이곳에 모이는 줄을…

나름 시간을 잘 활용한다고 생각하고 있었지만 이렇게 시간을 기록하고 관리하면서 성과를 내는 사람들이 많이 있는 줄은 몰랐다.

예전에 직장을 다니며 '플랭클린 플래너'를 처음 만났을 때가 기억난다. 하루를 마무리 하면서 내일 내가 해야 할 일들을 'To do list'에 작성하고 하루를 시작하는 아침에 오늘 해야 할 일들을 기록하며 일을 했는데 참 좋은 도구라 여겼다. 오늘 해야 할 일들을 미루지 않고 그날그날 체크하면서 관리할 수 있다고 생각을 했다.

처음에 손바닥 크기의 플래너를 들고 다니는 것이 조금은 불편하기는 했지만 그래도 다른 사람들이 들고 다니지 않는 좋은 도구를 가지고 다니는 것에 조금은 으쓱해졌다. 어디서나 필요한 부분을 간단히 메모를 할 수 있는 것도 좋았다. 플래너는 1년마다 속지를 갈아끼우면서 사용한다. 2~3년 전쯤 플래너 속지를 구입을 하려 인터넷에 살펴보는데 기존에 사용하던 사람들이 3P바인더를 사용한다는 글을 봤다. 그때만 해도 내가 나중에 바인더를 사용할 것이라고 생각하지 못했다.

바인더가 무엇인지 자세히 알지도 못했고 플래너보다 크기가 많이 커서 들고 다니기 불편할 것이라 생각했다. 내가 바인더를 쓰게 되면서 어렴풋이 기억이 나는 것들이 있다. 예전에 지점장후보과정 때 코칭을 해 주시던 매니저님께서 플래너에서 바인더로 바꾸어 사용하시는 것을 보았는데 그냥 흘려들었던 것 같다. 왜 매니저님께서 책만큼이나 큰 플래너를 사용하실까 하고 질문을 던지지 못했던 것이다. 한 번쯤은 궁금해 하며 질문을 던져보거나 살펴봐야 했었는데 내가 알고 있는 지식이 전부라 생각하고 플래너를 고집했다.

우연히 책 속에서 바인더를 알게 되고 인터넷으로 주문을 하면서 바인더라는 도구가 나를 성장시킬 수 있는 좋은 도구라는 것을 한눈에 알아차렸다. 2016년 1월부터 시작된 바인더 교육과 독서리더과정을 통해 많은 분들을 만날 수 있었다. 프로과정을 대구에서 듣고 코치과정에서 '3P자기경영연구소' 강규형 대표님과 류경희 이사님을 비롯하여 3P바인더 식구들을 만나게 되었다.

시간 기록에서부터 출발하여 시간 관리로 자기분야에서 큰 성과를 내신 노하우를 배우게 되었다. 살아가면서 무엇이 중요하고 삶의 균형을 어떻게 만들어 가야 하는지를 깨우치는 시간이었다. 직원들께서 그곳에 오시는 분들을 위해서 실천하시던 섬김에 감동을 하기도 했다.

바인더를 배우면서 내 삶의 미션을 정리할 수 있었다.

'나와 함께 하는 모든 이들이 꿈을 이루며 행복한 삶을 살아갈 수 있도록 교육 및 지식공유를 통해서 도와주는 역할을 하겠습니다.'

이것이 나의 삶의 미션이다. '의미 있게 살자. 배워서 남 주자. 내가 하는 일의 열매는 다른 사람의 나무에서 열린다'는 말들이 내 가슴을 설레게 했다. 바인더를 만나 나의 미션을 찾게 되었다.

마스터과정과 독서리더과정까지 오면서 코칭해 준 마스터분들과 교육을 잘 받을 수 있도록 섬겨 주신 스태프분들께도 감사하다.

바인더를 배우러 오는 사람들은 정말 다양하다. 경기도 '고마고연수원'에서 1박 2일로 진행되는 코치과정에서 첫날 옆자리에 앉게 된 분은 거제도 삼성중공업에서 근무를 했다. 코치과정 때 만났을 때가 서른아홉이었던 같다. 자기소개 시간에 알게 된 내용인데 삼성중공업에서 근무를 하면서 삼성그룹상을 받은 매우 유능한 인재였다. 아이들이 셋인데 아이들이 마음껏 뛰어 놀 수 있도록 아파트가 아닌 시골 주택에서 산다고 한다. 공기 좋은 곳에서 산으로 들로 뛰어 다니며 놀기도 하고 아빠가 직접 책을 읽어 주며 아이들과 놀아주기도 하는 좋은 아빠이다.

코치과정 중 어느 날, 그가 차에 원목나무를 실어다 옮기는 사진을 찍어 올렸다. 직접 원목나무를 구입을 하여 아이들에게 이층 침대를 만들어 주면서 찍은 것이었다. 직접 침대를 설계하고 아이들에게 만들어 주는 아빠가 과연 얼마나 될까. 그 분은 모든 양식을 직접 만들어서 사용하기도 하고 어떤 일을 할 때 나름 계획을 잘 수립하셨는데, 그런 분도 코치과정을 통해 더 성장하고자 교육을 받게 되었다고 한다.

그분은 과정 중에 다양한 아이디어를 많이도 냈던 것 같다. 좋은 아이디어로 양식을 만들기도 하고 그것을 본인의 가정이나 회사업무에 적용을 하기도 하고 그로 인해 성과를 내는 방법을 바인더를 배우면서 깨닫게 된 것 같다. 서로 좋은 정보가 있으면 나누기도 하고 각자 하고자 하는 프로젝트를 공개 선언 하면서 응원하기도 했다.

마스터과정은 강사활동을 할 수 있도록 트레이닝을 시킨다. 매주 화요일마다 서울을 오가며 함께한 동기들과 귀한 인연을 만들 수 있었다. 마스터과정을 함께한 동기들의 직업도 다양했다. 상호를 말하면 다들 아는 미용실을 하시는 원장님, 교회 목사님과 교회선생님, 보험회사 지점장님, 아이들을 가르치시는 선생님, 학원을 운영하는 원장님 등이다.

과정을 수료한 이후에도 모임을 계속 이어가고 있다. 한 달에 한 번 모임을 하다가 다들 바쁘다 보니 두 달에 한 번씩 각 지역에서 돌아가면서 만나기도 하고 일찍 만나서 산책을 하기도 하고 매달 선정되는 도서로 독서토론도 한다. 좋은 소식을 함께 나누기도 하고 응원하게 된다.

3P바인더는 자기경영을 하기에 좋은 도구이다. 강규형 대표님의 25년간의 노하우를 만날 수 있다. 살아가면서 어떻게 살아가야하는지 내 삶의 의미를 찾아보고 나의 시간기록을 통한 관리가 곧 성과를 만들에 낼 수 있는 놀라운 비밀을 경험하게 된다.

잠시 잊고 있었던 나의 꿈 리스트를 적어보기 시작하면서 하나씩 하나씩 이루기도 하고 꿈을 적다 보니 점점 꿈이 많아진다. 처음에는 한 장을 채우기조차 힘들었던 꿈들이 요즘은 자꾸 자꾸 늘어난다. 바인더를 기록하면서 나의 시간, 나의 인생을 진지하게 생각해 보게 됐다.

내가 해 보고 좋은 것은 먼저 가족들에게 알리게 된다. 마스터과정을 마치고 대구에서 가까운 친구와 지인들을 대상으로 3P바인더 프로과정을 개설하였다. 그분들이 각자 자기 일에서 더 큰 성과를 내며 더 큰 꿈을 이루길 바라는 마음에서 강의를 진행하게 되었다. 처음에 9명으로 꿈드림 1기가 진행이 되었고, 꿈드림 2기는 4명, 꿈드림 3기는 5명, 꿈드림 4기는 4명이서 진행했다. 바인더 교육을 통해서 만난 분들도 시간이 지나면 배운 것을 잊어버릴 수 있는데 지속적으로 바인더를 기록하며 성장할 수 있도록 플랫폼을 준비하고 있다. 귀한 인연들이 끝까지 함께할 수 있도록 고민을 하고 있다.

　나를 성장시킬 수 있는 도구로 3P바인더 만한 것은 없는 것 같다. 요즘은 스마트폰에서도 일정관리를 하고 에버노트를 사용하는 경우도 많다.

　직접 강의 활동을 하거나 사업을 하는 경우는 스마트워크를 활용하게 되면 더 큰 효과를 얻을 수도 있다. 하지만 아이들을 키우는 엄마들이나 연세가 높아서 스마트 기기 활용이 어려우신 분들에게는 자기를 성장시킬 수 있는 최고의 도구이다.

　바인더를 배우고 가장 먼저 한 것은 나의 인생을 되돌아보고 정리할 수 있는 시간을 가지는 것이었다. 자기경영이 우선이 되었고, 가장 잘 활용했던 부분은 아이들에게 적용 한 것이 가장 좋았다.

　고등학생 아들에게는 고등학교 때 해야 할 비교과 활동들을 바인더를 통해서 정리를 할 수 있었고 학교 내신성적이나 모의고사 성적 자료들을 하나의 바인더에 모두 모을 수 있었다.

　바인더의 정리력은 대단하다. 먼저 필요한 서류와 필요한 서류가 분류가 되고 내가 만들고자 하는 서브바인더로 먼저 분류해둔 것에 자료들이 쌓이게 된다. 그냥 생각을 하지 않고 그동안에 있는 자료들을 분류하여 서브바인더를 만든 이후에 제대로 된 지식을 활용 할 수 있게 된다. 50대에 여성 CEO가 되겠다는 것, 지역사회에 선한 영향력을 미치는 여성리더, 자기 경영을 통한 성장변화 전문가가 된 나의 모습들이 점점 구체적으로 진행이 되고 내가 생각하던 그림이 보인다.

독서리더과정에서 만난 분들 중에 아이들을 잘 키우고자 남들이 부러워하는 직업을 잠시 접고 엄마 역할에 더 많은 시간을 할애하고 있는 선배님과 울산에서 어린이집을 하고 있는 원장님과 함께 아이들을 키우는 엄마들의 입장에서 좋은 콘텐츠가 없을까 고민 중이다. 나 혼자만의 고민이지만 언젠가는 함께 성장하고 선한 영향력을 미칠 수 있는 콘텐츠를 만들어 나누고자 한다. 지난번 울산에서 어린이집을 운영하는 어린이집 교사분들에게 바인더 설명회를 짧게 할 기회가 있었는데 언젠가 그곳에 교사뿐만 아니라 부모님들에게까지 바인더를 전파하는 프로젝트를 하게 된다면 함께 참여를 하고 싶다.

바인더를 통해 날마다 조금씩 성장하고 있는 나를 발견하게 되고 내가 꿈꾸던 일들을 하나씩 이루어 가는 것이 감사할 따름이다.

3P바인더를 통해서 정말 귀한 인연들을 많이 만나게 되어 감사하다. 성과를 지배하는 바인더의 힘을 나는 믿는다. 내가 이루고자 하는 모든 일들이 3P바인더를 통해 이루어지고 있고, 내가 꿈꾸는 것들이 진행되고 있어 너무나 감사하고 나 역시 나에게 영향력을 미친 분들의 고마움을 누군가에게 나누며 살고자 한다.

마치는 글

내 삶의 산소와도 같았던 그곳을 퇴직하고 한동안은 '멘붕' 상태였다. 아무에게도 공개 선언을 하지는 않았지만 내 마음속에 이루고 싶은 일이 있었는데…. 어느 날 갑자기 생각하지도 않았고 준비하지도 않던 퇴직을 하게 된 것이다.

물론 선택은 내가 했다. 조직 내에서 누군가는 퇴직을 해야 한다고 계속 압박 아닌 압박을 받으면서까지 남아 있고 싶지 않았다. 어느 순간 면담이 시작되었고, 내가 하고 있었던 업무를 중단하라는 상사의 이야기를 듣게 되었고, 불과 하루 전까지 다음 달 마케팅전략을 상의하던 상사가 갑자기 안면을 바꾸는 일을 경험했다. 조직에서 그 역할을 할 수밖에 없는 입장을 이해하면서도 회의가 들었다. 살아가는 여건이 가장 좋으니 고려를 해 보라는 이야기도 들었다.

하지만 후배들을 위해 선배들이 길을 열어 달라는 말이 나를 움직이게 만들었다. 나의 선배들도 이런 선택을 해야 하는 순간이 있었을 것이다. 지금까지 내가 직장을 다닐 수 있었던 것도 선배들이 일터를 잘 만들어둔 덕분에 잘 다닐 수 있었다는 생각이 들었고 나 역시 22년 7개월간 그곳에서 직장생활을 했다면 이제는 후배들에게 길을 양보하는 미덕을 보이는 게 좋겠다는 생각을 하게 된 것이다. 그때 당시 절대 퇴직할 수 없는 상황인 분도 있으셨고 어디로 발령이 나든 끝까지 근무하겠다며 힘든 면담을 버티던 후배도 있었다.

사실 어려운 상황인 두 사람을 위해 내가 선택을 해줘야겠다는 생각을 한 것 같다. 다른 분들이 아쉬워 할 때, 좋을 때 나오는 것도 괜찮다고 생각을 했고, 그곳에서 하던 노력을 가지고 뭔가를 한다면 이룰 수 있을 것 같았다.

내가 생각하는 리더는 함께하는 조직원을 끝까지 챙기며 손을 놓지 않는 그런 영향력이 있어야 한다고 생각을 했고, 함께 하는 힘을 발휘하는 것이었는데 내가 일하던 곳이 지금까지 내가 생각하던 그런 회사가 아니라는 생각이 들게 되었다.

그동안 아이들에게도 엄마의 빈자리를 채워주기 위해 주어진 시간에는 최선을 다했다. 나와 같은 경험을 하게 되는 많은 분들은 그동안 내가 평범하게 보내온 시간들을 이 책을 통해 살펴보면서 새로운 시작을 하는 데 조금이나마 도움을 얻으시길 바란다.

큰아이가 중학교 3학년 때 퇴직을 하게 되었고 아들이 가고 싶어 하던 학교에 원서를 냈지만 떨어졌다. 직장생활을 하느라 매순간 챙겨주지는 못했고 아이 스스로 공부하는 방법을 찾을 수 있도록 조언만 해 줬다. 다행히 아이는 스스로 혼자 공부하는 힘을 잘 키워 나갔지만 특목고에서 원하는 학교생활기록부에 대한 준비가 매우 미흡했던 것 같다. 같은 중학교에서 몇몇 친구들과 원서를 냈는데 그 친구들에 비해 우리 아이의 학교생활기록부에는 비교과 활동이 너무나 부족했다. 엄마가 밖에서 다른 사람들의 꿈을 이루기 위해 도와주는 동안 아이들을 못 챙긴 것이다.

이 또한 경험이 되었다. 아이도 학교생활기록부가 얼마나 중요한지 깨우치게 되었고 고등학생이 되면서 나중에 어떻게 활용될지 모르지만 뭐든지 스스로 준비했다. 그 일을 계기로 진로진학에 관심을 갖게 되었고 아이들을 위한 엄마의 공부가 시작되었다. 이제는 아이들이 타고난 재능을 찾아 진로를 설계해 주고 있다.

아이들은 부모의 뒷모습을 보고 자란다. 부모님께서 늘 긍정적인 생각을 가지고 밝은 얼굴로 성실하게 생활해오셨고 그런 부모님 덕분에 긍정적인 마음가짐과 성실함을 배울 수 있었다. 내가 부모가 되어서 우리 아이들에게 어떤 것을 물려줄까 고민을 하게 된다. 아이들에게 공부하라고 잔소리하기 전에 엄마가 먼저 배움을 실천하는 모습을 보이게 되고, 아이들에게 독서가 중요하다는 말을 하기 전에 매주 1권씩 책을 읽는 엄마의 모습을 보이게 되었다. 엄마가 꿈꾸는 만큼 이루어 낸다. 엄마가 어떤 일을 도전하고 있고 이루어가고 있는지 이야기하다 보니 아이들도 엄마를 응원해 준다.

내가 우리 아이들에게 물려주고 싶었던 것이 이런 것이 아닐까 생각한다. 늘 긍정적인 마음가짐으로 할 수 있다는 마인드를 갖고 즐기며 하는 것이다. 엄마는 오늘도 꿈을 이루기 위해 배움을 멈추지 않는다. 3년이라는 시간 동안 멈추지 않고 내 가슴을 설레게 하는 것을 찾아보았다.

자기 경영을 통한 자기 성장을 이뤄가고 있다. 함께하는 모든 사람들이 꿈을 이루며 행복한 삶을 살아갈 수 있도록 교육 및 지식공유를 통해 도와주는 역할을 하며 의미 있는 삶을 실천하고 있다.

이 글을 읽는 모든 분들이 삶의 방향성을 찾을 수 있는 계기가 되길 바라며, 날마다 조금씩 성장하는 하루를 살길 바란다.

2017년 6월
김명숙